图解羽毛球训练

技战术与体能训练200项

（视频学习版）

索敌 编

人民邮电出版社

北京

图书在版编目（CIP）数据

图解羽毛球训练：技战术与体能训练200项：视频
学习版 / 索敌编. -- 北京：人民邮电出版社，2023.5（2023.12重印）
ISBN 978-7-115-58343-7

Ⅰ．①图… Ⅱ．①索… Ⅲ．①羽毛球运动－运动训练
－图解 Ⅳ．①G847.2-64

中国版本图书馆CIP数据核字（2021）第263043号

免 责 声 明

作者和出版商都已尽可能确保本书技术上的准确性以及合理性，并特别声明，不会承担由于使用本出版物中的材料而遭受的任何损伤所直接或间接产生的与个人或团体相关的一切责任、损失或风险。

内 容 提 要

本书由北京羽毛球女队主教练索敌编写，精选了 200 项羽毛球基础技术与训练方法，并采用了图文结合视频展示的方式进行详细讲解，为羽毛球初学者、有一定经验的练习者以及羽毛球教练和体育老师等提供了丰富的学习内容和教学参考。本书首先讲解了握拍、姿势、步法等基础练习方法，然后讲解了发球与击球技术及其综合练习方法，此外还提供了针对爆发力、力量和灵敏性提升的体能训练方法，以及在单打和双打中常用的制胜策略。

◆ 编　　　索　敌
　　责任编辑　林振英
　　责任印制　彭志环

◆ 人民邮电出版社出版发行　　北京市丰台区成寿寺路 11 号
　　邮编　100164　　电子邮件　315@ptpress.com.cn
　　网址　https://www.ptpress.com.cn
　　涿州市般润文化传播有限公司印刷

◆ 开本：700×1000　1/16
　　印张：13.5　　　　　　　　　　2023 年 5 月第 1 版
　　字数：397 千字　　　　　　　　2023 年 12 月河北第 2 次印刷

定价：79.80 元

读者服务热线：(010)81055296　印装质量热线：(010)81055316
反盗版热线：(010)81055315
广告经营许可证：京东市监广登字 20170147 号

在线视频观看说明

为了帮助读者更好地学习和训练，本书提供了部分技术动作的演示视频，具体可通过以下步骤在线观看。

步骤1

点击微信功能菜单上的"扫一扫"（图1），扫描技术动作讲解页面上的二维码。

步骤2

进入视频观看页面后，直接点击播放按钮（图2），即可进行观看（图3）。

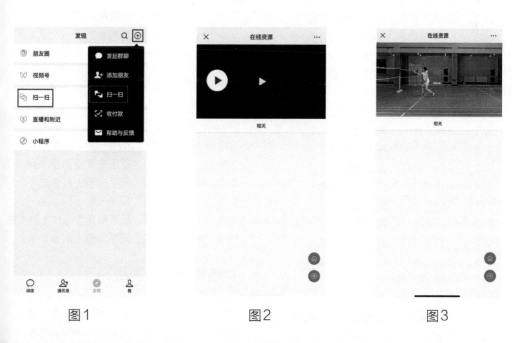

图1　　　　　　　　　　图2　　　　　　　　　　图3

扫描右方二维码添加企业微信。

1. 首次添加企业微信，即刻领取免费电子资源。

2. 加入体育爱好者交流群。

3. 不定期获取更多图书、课程、讲座等知识服务产品信息，以及参与直播互动、在线答疑和与专业导师直接对话的机会。

目　录

第 1 章　羽毛球基础

第2章 发球与击球技术

发球

击球技术

第3章　综合练习

基本练习

假动作

第4章 体能训练

爆发力

力量

速度灵敏性

协调性

第5章 综合制胜攻略

单打战术

双打战术

羽毛球
基础

第1章

学习基本的握拍方法和步法、熟悉羽毛球的球性、掌握羽毛球运动的基本姿势，是学习羽毛球的基础，需要多加练习。

技巧 001 ▶正手握拍

等级 ★☆☆☆☆　　⏱时间 2分钟

45°角状态

point（要点）
虎口对准拍柄的窄面

point
手指之间留出空隙，轻轻握住

定义

正手握拍是羽毛球运动中的基础握拍方法，几乎适合各种打法，尤其适合初学者使用。

正面状态

point
手掌下方靠在拍柄底托部位

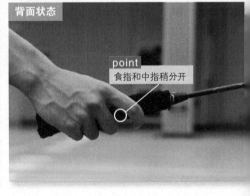

背面状态

point
食指和中指稍分开

✕ 错误动作

手指抓太紧

不管是正手握拍还是反手握拍，5根手指都应该适度用力，不能抓得太紧，也不要出现右图所示的错误握法。

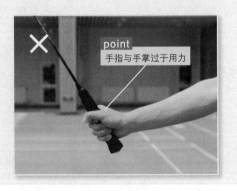

✕

point
手指与手掌过于用力

基本练习

技巧 **002**

▶ **正手握拍颠球练习**

等级 ★★★★★ ⏱时间 5分钟

扫一扫，看视频

point
不断击球

目的

提高练习者正手握拍的能力及控制拍面角度和击球力度、方向的能力。

实施方法

练习者正手握拍，将球连续击出，控制拍面及击球力度、方向，以免球落地。

技巧
003

▶ **反手握拍**

等级 ★☆☆☆☆　⏱时间 2分钟

45°角状态

point
手掌虚握，方便手腕和手指发力

point
拇指第一指节紧贴拍柄宽面，击球时拇指前顶发力

正面状态

背面状态

💡 **小提示**　反手握拍一般用于反手扑球、反手防守和反手平抽球等。

✕ **错误动作**

抓拍太紧

如果动作过程中手指抓得太紧，手腕的活动范围就会缩小。

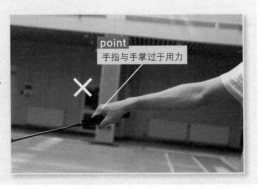

point
手指与手掌过于用力

✕

技巧 **004**

▶反手握拍颠球练习

等级 ★★☆☆☆　　⏱时间 3分钟

扫一扫，看视频

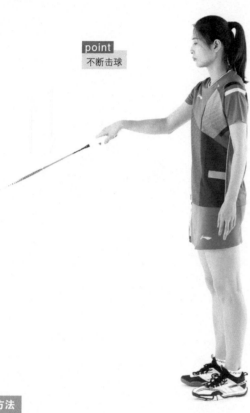

point
不断击球

目的

提高练习者反手握拍的能力及控制拍面角度和击球力度、方向的能力。

实施方法

初级阶段主要练习拇指前倾发力，熟练后可练习小臂外旋发力颠球。重要的是，手腕要随手臂灵活转动。

技巧
005

基本练习

▶握拍方法的转换

等级 ★☆☆☆☆　　🕐时间 3分钟

目的

使练习者掌握快速从正手握拍转换为反手握拍的技巧。

实施方法

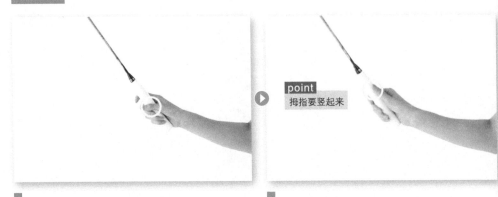

point
拇指要竖起来

正手握拍时拇指横向贴在拍柄上。

将拇指慢慢竖起，转换为反手握拍。

其他角度

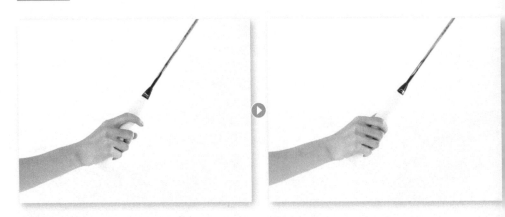

💡 小提示　　打反手球和打正手球不同，拇指发力特别重要，练习时要体会拇指推动拍柄的感觉。

基本练习

技巧 **006**

▶持球的方法

等级 ★☆☆☆☆　　⏱时间　2分钟

羽部持球

point
食指和拇指第一指节
捏住羽毛球边缘

腰部持球

point
拇指、食指、中指持
羽毛球腰部

特殊持球

point
拇指、食指和中指分
别握住羽部和球托

💡 **小提示**

任意选择持球方法都可以，只要能够使球
稳定。

❌ **错误动作**

如果持球太紧或者太松，会导致发球失利。

技巧 007

▶ 正确的站姿

等级 ★☆☆☆☆　⏱时间 2分钟

双脚平行分开站立，与肩同宽。重心落在双脚之间，保持身体平衡，不要将重心落在一只脚上。

point
双眼正视前方

point
握拍时立起拍面，使对方无法看到完整的拍面

point
上身放松，肩膀用力或腰部挺直都会使动作迟缓

point
膝关节在不用力的情况下稍微屈曲

其他角度

 技术要领

站姿的要点

在保持基本站立姿势时身体前倾，脚跟抬起，两脚前后分立等，都会使身体过于用力，从而无法迅速应对来球。球员应站于场地中心，以便应对全场范围内的来球。

基本练习

▶侧滑捡球

等级 ★★☆☆☆　**时间** 3分钟

扫一扫，看视频

技巧 008

point
球拍面向球并略微倾斜

双脚开立，将羽毛球置于身体前侧地上，正手持拍做好准备。

弯腰将球拍置于羽毛球一侧，观察二者的位置关系，准备抄球。

手腕发力，迅速挥动球拍将球向上抄起。

将球抄起后，一边旋转拍面阻止球掉下，一边站立挺直。

其他角度

尽可能缩小球拍和地面的角度，增加球拍的可用范围。

球拍与羽毛球尽量平行。

🔑 **技术要领**

手腕的发力

侧滑抄球时手腕的发力是重点，不要用手臂的力量，而是通过手腕挥动球拍的力来把球像用勺子舀水一样"舀"起来。

基本练习

技巧
009

▶ **颠球与停球**

等级 ★★☆☆☆   ⏱时间 3分钟

扫一扫，看视频

point
眼睛一直盯着球

双脚开立，在腹部前方将球拍端平，并将羽毛球放在拍面上。

手腕不动，使球拍和小臂在一条线上，随即向正上方推动球拍。

手腕发力，迅速挥动球拍将球颠起。

💡 **小提示**

颠球后旋转拍面停球，能更好地把握对球的操控性。

当悬在空中的羽毛球球托向下时，使拍面贴近球的侧面顺着球移动。

在拍面与地面平行的瞬间用拍面将球接住，并迅速旋转拍面使球停在拍面上。之后换反手进行练习。

基本练习

▶托球跑

等级 ★★★☆☆ 　　⏱时间 3分钟

用球拍托住羽毛球。

盯着球向前跑，注意观察球在拍面上的状态。

point
看球时主要观察球托的状态

跑动时注意调整速度，保持球不掉落。

💡 小提示

在练习中还可以加入一些游戏元素，比如设定一些规则，几个人比赛谁跑得最快，落球者接受惩罚等。

技巧
011

▶ 两人一组停球

等级 ★★☆☆☆　　⏱时间 3分钟

扫一扫，看视频

point
不挥拍，直接
抛球

供球者将羽毛球直接抛出，练习者眼睛盯着球，准备接球。

练习者将球拍贴近球的侧面，顺着球的方向移动，然后停球。

练习者将球抛给供球者，由供球者停球然后重复该过程。

💡 小提示

两人一组停球类似于投接球的练习。一方用球拍停球之后，不击球，而是直接将球抛给对方，从而练习更好地使用球拍。

基本练习

▶ # 抛球与接球

等级 ★★★☆☆　　⏱时间 2分钟

💡 **小提示**

刚开始练习时，抛球的高度可以稍低一些，否则很容易造成动作走样。

❙ 双脚开立，在腹部前方将球拍端平，并将羽毛球放置在球拍上。

快速举起球拍，将球抛到空中。当球掉落时，降低拍面的高度，使其巧妙地紧贴球并随球一起运动，以逐渐减慢球的运动速度，避免球从拍面上弹起，从而将球接住。

技巧
013

▶ **托球并步移动**

等级 ★★☆☆☆　⏱时间 2分钟

扫一扫，看视频

手掌向上，反手握拍，将球放置在拍上，准备向前移动。手臂抬起保持平衡。

采用并步向前移动，右脚在前，保持球在拍面上不掉落。

💡 **小提示**

托球练习是指把球放置在拍面上，使球不掉落，可以帮助我们练习控球，熟悉球性。练习时要保证球不离拍，体会控球的感觉。

基本练习

▶ 踮脚跑

等级 ★★★★★　　⏱时间 2分钟

目的

使练习者的脚步更加敏捷，速度更快，更好地把握主动权。

脚跟离地，身体微前倾，小碎步向前跑动。

技巧
015

▶ 蹬地启动

等级 ★★☆☆☆　⏱时间 2分钟

扫一扫，看视频

养成启动时蹬地的习惯，会使启动速度更快，移动更敏捷，可增加接杀球的爆发力。

第1章　**基本练习**

技巧
016

▶ **后场球跳一下**

等级 ★★☆☆☆　　时间 2分钟

打后场球时，如果跳一下，可以有效提高击球点，发力的角度更恰当。这个"跳"，是单脚跳，不要求跳得很高。

技巧
017

▶ **保持防守站姿**

等级 ★★☆☆☆　　⏱时间 2分钟

目的

使练习者养成保持防守站姿的好习惯。

站立时踮脚，双膝微屈，持拍手前伸，目视对方持拍手。

基本练习

▶后场架拍

等级 ★★★★★ ⏱时间 2分钟

目的

帮助练习者养成场上举拍的习惯十分有助于防守。在场地上奔跑厮杀时，一直举着球拍，随时准备接球，进行后场进攻。

技巧 019

▶ 多侧身

等级 ★★★★★　⊙时间 2分钟

目的

帮助练习者在后场的时候跑得更快，更准确地找到击球点，提高击球力量。

基本练习

技巧
020

▶ **抛球多球反手练习**

等级 ★★★☆☆　　时间 3分钟

实施方法

供球者先抛出较低的网前球，练习者用反手打对角线球。

💡 **小提示**

可以先从较低的位置开始练习，然后逐渐提高供球的高度，练习者循序渐进地练习反手打不同高度的对角线球。

技巧
021

▶**抛羽毛球**

等级 ★★☆☆☆　⏱时间　3分钟

扫一扫，看视频

在基本站位处做好准备。

从基本站位处移动到前发球线处取球。

面向前方，侧身沿着中线后退至后场。

直线向远处大力抛出羽毛球后，取下一个球继续练习。

🔑 **技术要领**

注意重心的转移

抛球后应向前迈步，接着重复取球、抛球动作。

▶ **脚尖接羽毛球**

等级 ★★☆☆☆　🕐时间 3分钟

扫一扫，看视频

供球者向网前抛出羽毛球，练习者从基本站位处向落球点移动。

目的

帮助练习者掌握打高球和网前吊球时必须学习的移动步法。

练习者移动到落球点。

💡 **小提示**

实际击球时，膝盖是弯曲的，训练过程中，练习者用脚尖接到羽毛球时也要弯曲膝盖。

练习者伸出右脚，用脚尖接球。

技巧 023

▶ **颠球**

等级 ★★☆☆☆　　⊘ 时间 2分钟

扫一扫，看视频

在腹部前方将球拍端平，并将羽毛球放在拍面上。

手腕不动，使球拍和小臂在一条线上，随即向正上方推动球拍。

手腕发力，挥动球拍，连续多次颠球，使球不落地。之后可换反手进行颠球。

 小提示　　刚开始颠球时，颠球的高度可稍低一些，颠球过高很容易造成动作走样。

基本练习

▶ 三种画圆运动

等级 ★★★★★ 　⏱时间 3分钟

画 "大" 圆

扫一扫，看视频

以上半身为圆心，手臂
为半径画圆。

画 "中" 圆

感受不同的挥拍方法

扫一扫，看视频

以肘部为圆心，小臂为
半径画半圆。

画 "小" 圆

扫一扫，看视频

以手腕为圆心，手掌为
半径画圆。

技巧
025

▶**挥空拍**

等级 ★★★★★　⏱时间 2分钟

扫一扫，看视频

目的

帮助练习者练习打头顶球的挥空拍动作。

💡 **小提示**

三种画圆运动可以被应用在此动作中：引拍的时候是画"大"圆，即将击球时是画"中"圆，击球瞬间是画"小"圆。

基本练习

▶并步（向前+向后）

等级 ★★☆☆☆　　⏱时间　3分钟

向前并步

保持站姿，做好准备。　　右脚向右前方迈出一步。　　左脚并到右脚脚跟。右脚继续向右前方迈步，为下一次移动做好准备。

向后并步

保持站姿，做好准备。　　向右转体，同时右脚向后迈出一步。　　左脚并到右脚一侧，接着右脚再向后方迈出一步，为下一次的移动做好准备。

基本练习

▶ **交叉步**（向前+向后）

等级 ★★★★★　　⏱时间 3分钟

向前交叉步

保持站姿，做好准备。

左脚向右脚前方迈出一步。

左脚落地后，右脚再向前迈出一大步。

向后交叉步

保持站姿，做好准备。

右脚向后迈出一步，同时向右转体。

左脚迈向右脚的后方，左脚落地后，右脚再后撤一步。

第1章

基本练习

技巧 028

▶ 并步（横向）

等级 ★★☆☆☆　时间 3分钟

扫一扫，看视频

保持站姿，做好准备。

将重心移动到右脚上，左脚脚尖着地。

将左脚并到右脚的侧面，右脚再向右侧迈出一大步，完成一个并步过程。

 小提示　并步多在上网、接杀球和正手后退突击扣杀时使用。

技巧
029

▶ **蹬跨步**

等级 ★★☆☆☆　　⏱时间 3分钟

保持站姿，做好准备。

右脚向前迈出一步，左脚脚尖撑地。右脚完全落地之后，左脚跟到右脚的脚后跟。

左脚落地之后，右脚继续向前迈出一步。右脚完全落地之后，左脚脚尖着地，做拖曳移动。

💡 **小提示**

当来球在练习者身体一侧且二者距离较近时，可采用蹬跨步快速移动到位。

基本练习

技巧
030

▶ **腾跳步**

等级 ★★☆☆☆　　⏱ 时间　3分钟

保持站姿，做好准备。

右脚向后迈出一步，同时向右转体。双腿下沉，为大力起跳做好准备。

💡 **小提示**

腾跳步速度较快，要求练习者协调性好，弹跳力强，练习者在击球后要及时控制好自己的重心，以便更好地进行下次击球。

脚尖蹬地向上跳起，手臂大力挥拍。

技巧

031

扫一扫，看视频

▶蹬转步（右脚）

等级 ★★★★★　　⊙时间 3分钟

保持站姿，做好准备。

以左脚为轴，向右侧转体，右脚向后迈出一步。左脚脚尖着地，将重心移到右脚上。

基本练习

▶分开步

等级 ★★★★★　　⏱时间 2分钟

幅度大

point
幅度大，动作慢

point
落地时轻盈一些

双脚合拢站立，迅速跳起，双脚横向分开，然后恢复原状。

幅度小

point
幅度小，动作快

双脚合拢站立，起跳后双脚分开距离略小，落地后再次快速跳起，然后恢复原状。

▶ 双脚前后跳

等级 ★★☆☆☆　　⏱时间 2分钟

幅度大

示意图

point
幅度大，动作慢

双脚合拢站立，双脚同时向前或向后跳，跳跃幅度大一些，重复多次。

幅度小

示意图

point
幅度小，动作快

point
体会脚尖摩擦
地面的感觉

双脚合拢站立，双脚同时向前或向后跳，跳跃幅度小一些，重复多次。

基本练习
▶横跨步练习

第1章 技巧 034

| 等级 | ★★☆☆☆ | ⏱ 时间 | 2分钟 |

扫一扫，看视频

幅度大

point
两只脚的脚尖
朝向相同

示意图

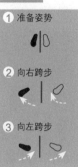

① 准备姿势

② 向右跨步

③ 向左跨步

双脚分开站立，接着分别向左右两侧大跨步，同时降低重心。

幅度小

示意图

① 准备姿势

② 向右跨步

③ 向左跨步

双脚分开站立，接着分别向左右两侧小跨步。

▶内旋抬腿练习

等级 ★★★★★　　時間 2分钟

实施方法

练习者交替进行左腿向右和右腿向左的内旋抬腿练习。

第1章　基本练习

技巧 **036**

▶ **外旋抬腿练习**

等级 ★★★★★　　⏱时间 2分钟

扫一扫，看视频

实施方法

练习者交替进行左腿向左和右腿向右的外旋抬腿练习。

技巧
037

▶ **正手一步上网步法**

等级 ★★☆☆☆　　⏱时间 5分钟

扫一扫，看视频

准备接球姿势站立，双脚开立，重心降低，右手持拍手置于体前。

双脚脚掌触地启动，左脚蹬地，右脚借力向右前方迈出一大步，右手抬起准备迎球。

point
右脚向来球方向跨出一大步

右脚跨出，身体顺势移动向前击球，左脚脚尖做拖曳移动。

💡 **小提示**

一般在来球与练习者距离较近时使用正手一步上网。

第1章 上网步法

技巧 038 ▶正手交叉步两步上网步法

等级 ★★☆☆☆　🕐**时间** 5分钟

准备接球姿势站立，双脚开立，重心降低，右手持拍置于体前。

右脚蹬地发力，左脚经过右脚向右前方迈出一步。

左脚着地后，右脚向右前方跨出一步。右臂外旋，球拍朝向来球方向准备击球。

右脚脚跟着地，右手挥拍击球。左脚脚尖跟随右脚做拖曳移动。

💡 小提示

此步法一般在来球与练习者距离适中时使用，练习者左脚先迈向右前方，右脚再往右前方迈一大步。

技巧
039

▶ **正手三步上网步法**

等级 ★★☆☆☆　　⏱时间 5分钟

扫一扫，看视频

| 准备接球姿势站立，双脚开立，重心降低，右手持拍置于体前。 | 判断来球之后右脚向前迈出一步，然后左脚向右脚前方迈步，做一个交叉步。 |

右脚向前跨出一大步，左脚脚尖做拖曳移动，到位后击球。

💡 **小提示**

此步法一般在来球与练习者距离较远时使用，需要综合运用交叉步和跨步来完成。

上网步法

技巧
040

▶反手一步上网步法

等级 ★★☆☆☆　　⏱时间　5分钟

准备接球姿势站立，双脚开立，重心降低，右手持拍置于体前。

向左转体，右脚向身体的左前方跨出一大步，左脚向前做拖曳移动。反手击球，左臂向后打开，保持身体平衡。

💡 **小提示**

此步法一般用于配合反手击球，且在来球与练习者距离较近时使用较多。

技巧
041

等级 ★★★★★ ⏱时间 5分钟

▶反手交叉步两步上网步法

准备接球姿势站立，双脚开立，重心降低，右手持拍置于体前。

左脚向左前方迈出一步，正手握拍变为反手握拍。

扫一扫，看视频

右脚向左前方迈一大步，做一个交叉步，左脚脚尖做拖曳移动。

上网步法

技巧
042

▶ **反手三步上网步法**

等级 ★★★★★　　⏱时间 5分钟

| 准备接球姿势站立，双脚开立，重心降低，右手持拍置于体前。 | 向左转体转髋，右脚迈向身体左前方。 | 左脚迈向左前方做一个交叉步，右臂内旋，变为反手握拍。 |

左脚落地后，右脚向左前方迈出一大步，左脚脚尖跟随做拖曳移动，右脚落地后迅速击球。

技巧
043

▶ **正手蹬跨步接杀球步法**

等级 ★★☆☆☆　　⏱时间 5分钟

扫一扫，看视频

准备接球姿势站立，双脚开立，重心降低，右手持拍置于体前。

point
向右跨出一步
做蹬跨步

中场移动步法在接杀球时使用的较多。移动到位后接杀球的成功率较高。而移动不到位的话，接杀球很难成功。中场接杀球步法一般可以分为正手蹬跨步接杀球步法、正手垫步＋跨步接杀球步法、反手蹬跨步接杀球步法以及反手垫步＋跨步接杀球步法。

判断来球后，双脚前脚掌触地启动，左脚蹬地，向右转体转髋。右脚向右方跨出一步。

中场两侧移动步法

▶正手垫步+跨步接杀球步法

技巧 **044**

等级 ★★☆☆☆　　⏱时间　5分钟

准备接球姿势站立，双脚开立，重心降低，右手持拍置于体前。

双脚向来球方向做小垫步，调整方向。左脚在落地的同时用力蹬地，右脚接着向右做跨步。

右脚跨出一大步的同时，左脚脚尖拖地跟随。

技巧 045

▶ 反手蹬跨步接杀球步法

等级 ★★☆☆☆   ⏱时间 5分钟

扫一扫，看视频

准备接球姿势站立，双脚开立，重心降低，右手持拍置于体前。

小提示

此步法一般用于来球杀至中场左侧且距离较近时。

向左转体转髋的同时正手握拍改为反手握拍。右脚向左侧跨出一步，左脚脚尖着地。

中场两侧移动步法

技巧 046 ▶ 反手垫步+跨步接杀球步法

等级 ★★☆☆☆ 时间 5分钟

准备接球姿势站立，双脚开立，重心降低，右手持拍置于体前。

双脚向来球方向做小垫步，调整方向，转体转髋的同时改为反手握拍。

左脚落地的同时用力蹬地，右脚向左侧迈出一大步。

技巧 047 ▶正手一步后退步法

第1章

等级 ★★☆☆☆　⏱时间 5分钟

扫一扫，看视频

准备接球姿势站立，双脚开立，重心降低，右手持拍置于体前。

判断来球之后，双脚迅速启动，以左脚为轴转体转髋，同时右脚向来球方向迈出一步并微屈膝绪力。

后退步法是为了击打后场球，而从中场退到后场时所用的步法，因此也可称为后场后退步法。

左脚跟进，迅速起跳击球。

技巧
048

▶ 正手两步后退步法

等级 ★★★☆☆　　⏱时间 5分钟

准备接球姿势站立，双脚开立，重心降低，右手持拍置于体前。

判断来球之后，屈髋转体的同时右脚向来球方向跨出一大步。

左脚向右脚并步。

身体重心下沉，起跳击球。

💡 小提示

此步法适用于来球在右后场稍远的位置时，需要综合使用蹬转步和并步。

后退步法

技巧
049

▶正手三步后退步法

等级 ★★☆☆☆ ⏱时间 5分钟

扫一扫，看视频

保持防守站姿，双脚开立，重心降低，右手持拍置于体前。

判断来球之后，以左脚为轴，屈髋转体的同时右脚向后方迈出一步。

左脚经过右脚做一个交叉步。

右脚继续向来球方向跨出一大步，起跳向左转体击球。

后退步法

▶头顶正手一步后退步法

等级 ★★★☆☆　　⏱时间 5分钟

准备接球姿势站立，双脚开立，重心降低，右手持拍置于体前。

判断来球之后，身体向来球方向转体转髋，右脚向后方跨出一大步。

向后方引拍，右脚撑地起跳击球。

💡 小提示

如果来球在头顶稍后的位置，可以直接向来球方向转体，向后迈蹬跨步。

技巧
051

▶ 头顶正手两步后退步法

等级 ★★☆☆☆　　⏱时间 5分钟

准备接球姿势站立，双脚开立，
重心降低，右手持拍置于体前。

判断来球之后，转体转髋的同时，右脚
向后方跨出一大步。

左脚并向右脚。

左脚落地后发力，身体向上跳起，向后
引拍准备击球。

第1章 | 后退步法

技巧
052

▶头顶正手三步后退步法

等级 ★★★☆☆　⏱时间　5分钟

准备接球姿势站立，双脚开立，重心降低，右手持拍置于体前。

判断来球之后，以左脚为轴，蹬地转体发力，右脚向后跨一步。

左脚向右脚后侧做一个交叉步。

右脚再向后退一步，落地后身体重心在右脚上。

右脚落地后蹬地发力，向后方引拍，身体跳起击球。

扫一扫，看视频

技巧
053

▶ **反手三步后退步法**

等级 ★★☆☆☆ ⏱ 时间 5分钟

扫一扫，看视频

准备接球姿势站立，双脚开立，重心降低，右手持拍置于体前。

观察来球的方向，以左脚为轴，右脚蹬地发力向左转体转髋，右脚向左后方迈出一步。

转身后，根据来球方向左脚迈出一步，右脚再向来球方向跨出一大步，背对球网挥拍击球。

发球与击球技术

第2章

好的发球能使己方充分发挥技术和战术优势。各类击球技术是
羽毛球学习的重点内容之一，且多数需要通过不断重复来强
化，因此，勤于练习是进步的关键。

技巧 054

▶正手发网前球

等级 ★★★☆☆　　时间 5分钟

扫一扫，看视频

面对球网，双脚前后开立，与肩同宽。左脚在前，右脚在后。左手持球上举，右手持拍举于身体右侧。

向后引拍，拍头朝后，大臂尽量贴近身向前挥拍，同时向左转身，重心移到前脚上，髋部也随之转过来。

point
击球时球拍自然挥动，挥至胳膊伸直位置

前臂内旋，手臂略微弯曲，将球有控制地推过网。

⚠ 容易出现的错误

发球时，球的过网高度总是太高。

✓ 纠正的方法

压低拍面，让球的飞行轨迹变得更平。

🔑 **技术要领**

发网前球的要点

当右手向前移动时，手腕的动作应很小或者几乎没有，从而将球轻轻地推过网，而不是用力地击打球。随挥动作也很短，发球结束时球拍的挥动就应停止。

技巧 055

▶反手发网前球

等级 ★★★☆☆   ⏱时间 5分钟

面对球网，双脚前后开立，与肩同宽。右脚在前，左脚在后。

上身略前倾，使重心落在右脚上。左手持球于体前，右手反手握拍于球的后方，拍头略微向下倾斜。

🔑 技术要领

利用手腕发力推球

反手发网前球时要体会用手腕发力将球推出的感觉。由于反手发球的路线不稳定，为了避免球下网，练习者要注意锻炼手腕的力量。

左手松手瞬间，右手持拍向前推球，球拍呈切削式将球击出。

发球

技巧
056

▶ **正手发高远球**

等级 ★★★☆☆   ⏱时间 5分钟

扫一扫，看视频

point
引拍幅度要大

| 双脚前后开立，与肩同宽。左脚在前，右脚在后。左手持球上举，右手持拍举于身体右侧。

| 右手大臂外旋，向后大幅度引拍，右脚脚跟抬起，顺势转体转髋，身体重心前移。

point
球拍随挥

⚠ **容易出现的错误**

发高远球时将球打出单打边线。

 纠正的方法

将发球时站立的起始位置往后移到更靠近中场的位置。

| 左手将球自然松开，击球时右手手腕发力，小臂内旋。展腕，用力将球击出。击球后，右臂随着惯性挥拍至身体左上方。

发球

技巧
057

▶反手发高远球

等级 ★★★☆☆　　⏱时间 5分钟

扫一扫，看视频

双脚前后开立，右脚在前，左脚在后，左脚脚跟抬起。左手在体前持球，右手持拍放于球的后方。

右手在体前向后引拍，拍头于左侧腰腹前垂下，左手持球于拍前。

💡 小提示

反手发球时容易出现违例。练习者要特别注意的是发球时右手手肘要上抬，左手在击球之前要保持持球位置不变。

左手自然放球，击球瞬间右手大臂带动小臂，拇指发力，将球击出。

技巧 **058**

▶ **正手发平快球**

扫一扫，看视频

等级 ★★★☆☆　　⏱时间 5分钟

point
平快球的引拍
路线要平一些

双脚前后开立，与肩同宽。左脚在前，右脚在后。左手持球上举，右手持拍举于身体右侧。

右手手臂前摆，手腕外展，向身体后方引拍，重心向前移。

向左侧转体，身体正对球网，右手持拍向前挥。

⚠ **容易出现的错误**

引拍后打不到球。

✓ **纠正的方法**

可以缩短引拍距离、手握拍柄的长度，或者从较低的高度释放球。

左手自然放球，右手挥拍击球。击球时，小臂带动手腕发力，用爆发力将球击出。

▶反手发平快球

等级 ★★★☆☆ 时间 5分钟

双脚前后开立，右脚在前，左脚在后，左脚脚跟抬起。左手在体前持球，右手持拍放于球的后方。

右手向身体方向引拍，拍头置于左侧腰腹前，左手持球于拍前。

右手小臂带动手腕，向上推送球拍。球拍的摆动幅度要小一些，通过爆发力将球击出。

💡 小提示

反手发平快球的特点是节奏变化突然，并且在触球的最后一刻才将球发出。因为准备姿势与反手发网前球看起来一样，所以具有一定的欺骗性。

▶ 定点发球

等级 ★★★☆☆ ⏱时间 5分钟

扫一扫，看视频

实施方法

在对方场区底线处放置一个大纸箱，发球前仔细观察目标。发出高远球后，球应向上飞到顶点，然后翻转并垂直下落在纸箱中。

技巧 061

▶ 接发球站姿

等级 ★★★☆☆   ⏱时间 2分钟

point
眼睛盯住球，注意来球方向

point
球拍倾斜，拍框侧面对着场地的正前方

point
身体前倾

point
手臂抬起，大小臂之间的夹角为90度

point
双腿微屈

point
左脚在前，右脚在后，右脚脚跟微抬

🔑 **技术要领**

发球与接发球

在单打时，虽然发球方处于主动状态，接发球方处于被动状态，但是由于发球规则的限制，接发球方不会受到太大威胁，在处理好接发球后也有机会变被动为主动。

其他角度

技巧
062

▶ **接发网前球**

等级 ★★★☆☆ 时间 5分钟

扫一扫，看视频

准备接球姿势站立。

快速起动，右脚向来球方向迈出，同时右手伸出，准备引拍。

右脚落地后，右手向前上方挥拍，将球直线挑向对方后场。

其他回球方式

point
放网前球

point
扑球

point
勾球

point
推球

🔑 **技术要领**

接发网前球的方式

接发网前球时，除了可以回击挑球之外，还可以放网前球、扑球、勾球或者推球等。练习者应根据实际情况，选择合适的回球方式。

技巧 **063**

▶接发后场球

等级 ★★★☆☆ 　时间 5分钟

扫一扫，看视频

准备接球姿势站立。

快速启动，向右转体到后场，向后引拍。

右手持拍举过头顶，蹬地起跳击球，将球击向对方后场。

其他回球方式

point
正手高远球

point
吊球

point
杀球

 技术要领

接发后场球的方式

接发后场球时，除了回击头顶高远球之外，回球的方式还有很多，如正手高远球、吊球、杀球等。练习者根据来球的方向和来球的距离远近来选择合适的回球方式。

技巧
064

▶ **正手放网**

等级 ★★★☆☆　　🕐 时间　5分钟

扫一扫，看视频

准备接球姿势站立。

左脚向来球方向跨一大步，以正手上网步法快速移动至落球点。

准备击球时，右手握拍稍放松，小臂外旋，展腕再收腕，用球拍切削球托，使球落到对方网前。左臂后伸，协调右臂。

💡 **小提示**

放网前球是将对方击到己方前场、中场的球，用球拍切削球托，使球弹起并过网坠落至对方网前区域。

第2章 击球技术

▶ 反手放网

技巧 065

等级 ★★★☆☆　⏱时间 5分钟

扫一扫，看视频

准备接球姿势站立。

右脚向来球方向迈出一大步，右手小臂举起，斜对球网伸向来球。

💡 小提示

反手放网时需要用手腕的力量将球切削出去，并控制好力度，力度不能过大。

击球时右手略微收腕，用球拍切削球托，争取在高点击球，使球落在对方网前。

技巧
066

▶ **正手放网前球基本练习**

等级 ★★★★★　⏱时间 5分钟

供球者向练习者网前抛出羽毛球。

point
羽毛球贴网而过是
较理想的状态

练习者向来球方向跨步，正手放网前球。

💡 **小提示**

放网前球时用球拍向上托球，将球打到对方场地。此时不需要转动手腕来击球，否则球就会被打得过高，变成对方的机会球。

▶反手放网前球基本练习

等级 ★★☆☆☆ ⏱时间 5分钟

供球者位于练习者击球位置的正前方，向练习者网前抛出羽毛球。

练习者向来球方向跨步，脚尖对准落球点，反手击球使球直线过网。

💡 小提示

反手放网前球时脚尖要对准落球点。练习者要注意跨步的方向和击球点的高度，采用正确的击球姿势，以免失去平衡。

技巧 **068**

▶两侧交替放网前球练习

等级 ★★☆☆☆   ⏱时间 5分钟

练习者每次击球后都要回到中心位置，方便下次击球。训练时供球者还可以通过加快抛球速度，或者使抛球位置更接近球网增加训练难度。

实施方法

point
移动到正手位击球

供球者位于练习者击球位置的正前方，向练习者的正手位抛球。球被抛出后，练习者向来球方向移动，正手击球到供球者网前。

供球者向练习者的反手位抛球，球被抛出后，练习者观察来球并向来球方向移动，反手击球到供球者网前。

示意图

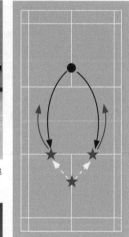

● 供球者

★ 练习者

➡ 供球路线

练习者的移动路线

击球路线

（注：上图仅为示意图，未严格按比例绘制，本书其他场地示意图与此类似，并不再另做标注。）

扫一扫，看视频

技巧
069

▶ **正手扑球**

等级 ★★★☆☆　　⏱ 时间　5分钟

准备接球姿势站立。

观察来球方向，右脚蹬地腾空跃起，右小臂向上方引拍，手腕闪动，通过手指的力量将球扑下。

扑球后迅速调整站位，准备下次击球。

💡 **小提示**

扑球的关键在于判断要快、动作要快、球速也要快，这样才能给对方造成威胁。

技巧
070

▶ **反手扑球**

等级 ★★★☆☆　　⏱时间 5分钟

扫一扫，看视频

准备接球姿势站立。

观察来球，身体腾空上网，小臂前伸引拍。击球时闪动手腕，手指握紧球拍，拇指发力挥拍扑球。

💡 **小提示**

在反手扑球的转体过程中，练习者要注意及时将正手握拍调整为反手握拍，通过拇指发力扑球。

扑球后回收球拍，迅速调整站位，准备下次击球。

第2章　击球技术

▶ 上网扑球练习

技巧 **071**

扫一扫，看视频

等级 ★★★★★　　⏱ 时间　5分钟

point
挑出高远球

练习者向对方后场挑出高远球。

point
上网扑球

观察回球在自己的反手网前方向，练习者快速移动至反手网前迎球，
跳起上网扑球。

💡 **小提示**

该练习把防守和进攻结合在了一起，练习者挑高远球可使对手回球较慢，自
己就能迅速上网扑球。此外，练习者在移动过程中要注意步法的运用。

技巧
072

▶正手搓球（收搓）

等级 ★★★☆☆　　⏱时间　5分钟

准备接球姿势站立。

观察来球，以正手上网步法向来球方向移动，右手向上方引拍。

击球时右手手腕由展到收，向外旋转，球拍的运动轨迹呈弧线。击球的瞬间用球拍切削球托的底部右后侧，使球顺时针翻转。

🔑 **技术要领**

收搓的摩擦方向

正手收搓是较常见的搓球技术，在动作过程中，手腕应外旋，从展到收，小臂和大臂几乎不动。

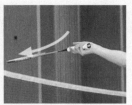

技巧
073

▶ 正手搓球（展搓）

等级 ★★★☆☆　　⏱**时间** 5分钟

准备接球姿势准备。

观察来球，以正手上网步法向来球方向移动，右手向上方引拍。

point
击球前的引拍动作很短

💡 小提示

展搓和收搓的搓球方向正好相反，收搓是手腕从外向内运动，展搓是手腕从内向外运动，即由收到展。

击球时右手手腕由收到展，直接将球拍伸至击球点。击球的瞬间手腕内旋外展，球拍的运动轨迹呈弧线。

技巧
074

▶ **反手搓球**（收搓）

等级 ★★★☆☆　　⏱时间 5分钟

扫一扫，看视频

准备接球姿势站立。

观察来球，以反手上网步法向来球方向移动，右手向左上方引拍。

point
击球时拇指
发力

手腕动作由展到收，球拍的运动轨迹呈弧线。击球的瞬间用球拍切削球托的底部，使球逆时针旋转。

 技术要领

收搓和展搓分别在什么情况使用？

首先，两种搓球方式下球的运行路线不同。如果来球靠近边线，则收搓更为安全；如果来球靠近中线，则展搓可以将球向边线调动，增加对方的回球难度。其次，击球点较高时多用收搓，击球点较低时多用展搓。最后，来球若离网较远；则采用收搓，来球若贴网，则采用展搓。

击球技术

▶ 反手搓球（展搓）

扫一扫，看视频

| 等级 | ★★★☆☆ | 时间 | 5分钟 |

以接发球站姿做好准备。　　　观察来球，以反手上网步法向来球方向移动，右手向左上方引拍。

击球的瞬间手腕由收到展，拇指发力用球拍切削球托的右下方，使球翻滚过网。

 小提示

反手展搓与反手收搓的区别在于反手展搓前右手屈臂，拍头下沉，手腕处于收腕状态。击球的瞬间手腕由收转展，拇指发力击球。

技巧
076

▶ 搓球练习

等级 ★★★★☆　⏱时间 5分钟

扫一扫，看视频

供球者站立于练习者击球位置的正前方，向练习者正手网前位置抛出羽毛球，球速要慢。

练习者向来球方向移动，尽量在高点击球，击球的瞬间用球拍切削羽毛球，搓出网前球。

 小提示

搓球的动作幅度越小，效果越好。如果动作幅度过大，球就会往高处走，变成对方的机会球。

技巧 077 ▶ 正手勾球

等级 ★★★☆☆　⏱ 时间 5分钟

扫一扫，看视频

■ 准备接球姿势站立。

■ 观察来球，以正手上网步法向来球方向移动，球拍自然前举准备迎球。

point
略微下沉

■ 击球时手腕略微下沉，接着手腕内旋，食指和拇指旋转拍柄，用球拍拨击球托右侧下部，使球沿着对角线方向落到对方网前。

💡 小提示

正手勾球根据击球点的高低分为主动勾球和被动勾球。主动勾球的击球点较高，小臂内旋向左拉。被动勾球的击球点较低，击球时拍面略朝上。

技巧
078

▶ **反手勾球**

等级 ★★★☆☆   ⏱时间 5分钟

扫一扫，看视频

以接发球站姿做好准备。

观察来球，以反手上网步法向来球方向移动，球拍自然前举准备迎球。

point
略微下沉

point
小臂外旋

肘部下沉，小臂外旋，手腕微屈迎球。接着闪腕，用球拍拨击球托，使球沿着对角线的反方向向对方网前飞去。

 小提示

反手勾球时应使用手腕和手指的捻动力量，但力量不要太大。

击球技术

▶正手推球

等级 ★★★☆☆　　⏱时间　5分钟

以接发球站姿做好准备。

观察来球，以正手上网步法向来球方向移动，球拍自然前举准备迎球。

point
击球点要高于网

point
用手腕和手指发力击球

击球前小臂外旋，手腕向后伸，拍面稍上扬。击球时肘关节打开，小臂内旋，拍面迎球推击出去。

技巧
080

▶ **反手推球**

等级 ★★★☆☆　　⏰ 时间　5分钟

以接发球站姿做好准备。

观察来球，以反手上网步法向来球方向移动，球拍自然前举准备迎球。

point
依靠手腕和手指的力量，将球击出

击球前调整为反手握拍，小臂内旋，拍面上扬。击球时小臂稍外旋，手腕由展到伸直，闪腕推球。

💡 **小提示**

反手推球时，如果用手臂发力，则动作幅度较大，容易将球推出界外。因此发力时要依靠手腕和手指的力量。

第2章

技巧 081

▶正手推球练习

等级 ★★★☆☆　　⏱时间 5分钟

供球者站立于前发球线处，向练习者正手位抛出羽毛球。

point
脚尖对准来球方向

练习者蹬地向来球方向移动，正手推出直线球。

▶反手推球练习

技巧 082

等级 ★★★☆☆　　⏱时间　5分钟

扫一扫，看视频

供球者站立于练习者对侧的反手位，练习者站立于中心位置做好准备。

point
反手推球更强调手腕的爆发力

练习者蹬地向落球点移动，反手推出直线球。

技巧
083

▶ 正手挑球

准备接球姿势站立。

观察来球，以正手上网步法向来球方向移动，小臂外旋，手腕后伸，向后引拍。

以肘关节为轴，小臂内旋带动手腕，用食指和手腕的力量，将球向上方击出。

💡 小提示

正手挑球时，若挥拍到身体右上方，则挑出直线高球；若挥拍到身体左上方，则挑出对角线高远球。

技巧
084

▶反手挑球

扫一扫，看视频

等级 ★★★☆☆　　⏱时间 5分钟

| 准备接球姿势站立。 | 观察来球，以反手上网步法向来球方向移动，同时小臂下压，曲肘向后引拍。 |

以肘关节为轴，经体前右下方往上挥拍击球，通过调整拍面的倾斜角度来挑出直线
球或者斜线球。

💡 **小提示**

挑球属于防守型技术，一般是在对方吊球或者发网前球使己方比较被动时，不得已将球挑高回
击到对方后场。

击球技术

技巧 085

▶ 正手挑球练习

等级 ★★☆☆☆　⏱时间 5分钟

扫一扫，看视频

实施方法

🔑 **技术要领**

挑球出界的原因

如果正手挑球出界，很有可能是因为脚尖没有朝向落球点。这时练习者可以多多练习脚尖接羽毛球（技巧022）。

▌练习者在中心位置以接发球站姿做好准备。

▌供球者站立于练习者击球位置的正前方，向练习者正手位抛球。球被抛出后，练习者的脚尖要朝向落球点。

▌练习者从下向上挥拍，用正手在网前挑直线球。

▶反手挑球练习

技巧
086

等级 ★★★★★　　⏱ 时间　5分钟

扫一扫，看视频

练习者在中心位置以接发球站姿做好准备。

point
及时调整握拍手法
为反手握拍

供球者站立于练习者击球位置的正前方，向练习者反手位抛球。球被抛出后，练习者向落球点迈步，脚尖朝向落球点。

练习者向后引拍，用反手在网前挑直线球。

击球技术

技巧
087

▶推球的两侧交替练习

等级 ★★★☆☆　　⏱时间 5分钟

练习者每次击球后都要回到中心位置，方便下次击球。训练时供球者还可以通过加快抛球速度，或者使抛球位置更接近球网来增加训练难度。

扫一扫，看视频

供球者位于练习者击球位置的正前方，准备向练习者抛球。练习者在中心位置做好准备。

实施方法

point
移动到正手位击球

供球者向练习者正手位抛出羽毛球。练习者迅速移动到落球点，正手推球至对方网前。

point
移动到反手位击球

供球者向反手位置抛出羽毛球。练习者迅速移动到落球点，反手推球至对方网前。

示意图

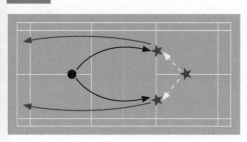

● 供球者
★ 练习者
→ 供球路线
→ 练习者的移动路线
→ 击球路线

💡 **小提示**

双打比赛中，双方接推球时多回球至网前，这个练习可培养练习者在这种情况下再次用推球回球的能力。

▶正手挡直线网前球

等级 ★★★☆☆　　🕐时间 5分钟

扫一扫，看视频

💡 **小提示**

此技术一般适用于对方杀球时，练习者可以借助来球力量，运用手腕和手指的力量，反弹式地快速将球回击到对方前场。

| 准备接球姿势站立。 | 移动到右场边线处准备迎球。 |

身体向右倾，右臂向右伸，小臂外旋，手腕外展。击球时小臂内旋，将球拍从身体右下方向前上方推送，把球直线挡回网前。

击球技术

技巧 **089**

▶ **正手挡斜线网前球**

| 等级 ★★★☆☆ | ⏱ 时间 5分钟 |

扫一扫，看视频

准备接球姿势站立。

移动到右场边线处准备迎球。身体向右倾，右手向后引拍准备迎球。

💡 **小提示**

正手挡直线网前球和挡斜线网前球的准备动作基本一样，练习者要通过仔细观察，体会不同的技术之间的细微差别。

击球时，肘关节屈收的同时小臂内旋，手腕闪动，击打球托的右侧。通过手腕的力量控制拍面以合适的角度击球，使球落向对方网前。

技巧
090

▶ **反手挡直线网前球**

等级 ★★★☆☆　⏱时间 5分钟

扫一扫，看视频

准备接球姿势站立。

移动到左场的边线处，身体向左侧转动，转为反手握拍，引拍至左肩前上方。

point
拇指用力

击球时，小臂带动球拍，借助来球的冲力，由左上方向左前方击打球托，把球直线挡回网前。

技巧
091

▶反手挡斜线网前球

等级 ★★★☆☆   ⏱时间 5分钟

扫一扫，看视频

准备接球姿势站立。

移动到左场的边线处，身体向左侧转动，转为反手握拍，引拍至左肩前上方。

击球时，闪动手腕，挥拍击打球托的左侧下部，把球斜线挡回网前。

技巧
092

▶ **正手抽球**

等级 ★★★☆☆　　⏱ 时间　5分钟

准备接球姿势站立。

观察来球的方向，身体右转，右脚向右前方迈出，手臂伸出，准备迎球。

point
小臂外旋向后引拍

💡 **小提示**

来球高度在肩部和膝盖之间，且在练习者的正手位时，可以使用正手抽球。

右脚落地时，肘关节后摆，小臂外旋向后引拍。击球时手腕伸直，球拍从右后方向前方平抽来球。

技巧 **093**

▶反手抽球

等级 ★★★☆☆　⏱时间 5分钟

准备接球姿势站立。

观察来球的方向，身体左转，右脚向左前方迈出一步，右手转为反手握拍，肘部上抬，小臂内旋，引拍至身体左上方。

> ⚠ **容易出现的错误**
>
> 拍面放平时打不到来球。
>
> ———————————————
>
> √ **纠正的方法**
>
> 及时调整握拍姿势为反手握拍，拇指在上。击球时，小臂带动手腕发力。

击球时小臂外旋，闪动手腕进行挥拍，击打球托的底部。击球后回到起始位置。

技巧
094

▶抽球的两侧交替练习

等级 ★★★☆☆　　时间 5分钟

供球者分别向练习者的正手位和反手位发球，进行平抽球的两侧交替练习，从而使练习者熟练掌握转换握拍的方法。

供球者位于练习者击球位置的正前方，练习者在中心位置做好准备。供球者向练习者的正手位发球。

练习者迅速向来球方向跨步，并用正手抽球回球。练习者击球后迅速返回中心位置。

供球者再向练习者的反手位发球，练习者迅速到反手位用反手抽球回球，练习者在此过程中要注意握拍方式的转换。

 小提示

练习者要熟练地转换握拍方式，尤其是初学者习惯用正手接反手位的球，因此要更积极地进行反手抽球练习。

扫一扫，看视频

第2章 **击球技术**

技巧 **095**

▶ # 正手直线吊球

等级 ★★★☆☆ ⏱时间 5分钟

扫一扫，看视频

准备接球姿势站立。

观察来球的方向，身体右转，双脚蹬地发力，向来球方向移动。右手持拍举于头顶，左手自然上举保持平衡。

point
用球拍正面切削球托下方

迎球时，小臂引拍到身后。击球时迅速向左转体转髋，大臂带动小臂向前上方挥拍，手腕轻微发力。用球拍正面切削球托的下方，使球向对方网前掉落。

⚠ **容易出现的错误**

吊球时没有转动肩膀和上半身。

✓ **纠正的方法**

从侧身的击球姿势开始，向上挥拍迎球，在高点触球时手臂完全伸直，并且旋转上半身。

技巧 096

▶ **正手斜线吊球**

等级 ★★★☆☆　　⏱ 时间　5分钟

扫一扫，看视频

准备接球姿势站立。

观察来球的方向，身体右转，双脚蹬地发力，向来球方向移动。右手持拍举于头顶，左手自然上举保持平衡。

point
用球拍正面切削球托右侧

💡 小提示

直线吊球和斜线吊球的引拍、挥拍基本一致，只是击球时拍面的倾斜角度不同，斜线吊球时拍面和球的接触面积更大一些。

迎球时，小臂引拍到身后。击球时迅速向左转体转髋起跳，大臂带动小臂向前上方挥拍，手腕轻微发力。用球拍正面切削球托右侧，使球落向对方网前。

技巧
097

▶反手直线吊球

扫一扫，看视频

等级 ★★★☆☆　⏱时间 5分钟

准备接球姿势站立。

观察来球的方向，向左侧身，转体转髋，转为反手握拍，抬起右肘准备迎球，右手引拍到身体左下方。

⚠️ **容易出现的错误**

反应和移动速度都很慢，导致回球困难。

✅ **纠正的方法**

练习者应花更多的时间进行技术和体能方面的练习，同时要努力地练习步法。

击球时肘部上抬，迅速向右转体，小臂外旋，带动手腕和手指发力，用球拍切削球托的下方，根据惯性向下做出随挥动作。

技巧
098

▶ **反手斜线吊球**

等级 ★★★☆☆　　⏱ 时间　5分钟

扫一扫，看视频

准备接球姿势站立。

观察来球的方向，向左侧身，转体转髋，转为反手握拍，抬起右肘准备迎球，右手引拍到身体左下方。

💡 **小提示**

反手直线吊球和反手斜线吊球的动作基本相同，区别在于击球时，反手直线吊球是用球拍切削球托的下方，而反手斜线吊球则是用球拍切削球托的左侧。

击球时迅速向右转体，肘部上抬，小臂外旋，带动手腕和手指发力，用球拍切削球托的左侧。

技巧 099

▶右侧正手吊球练习

等级 ★★★☆☆　⏱时间 5分钟

此练习和打杀球及高远球时一样，练习者要迅速移动到落球点，然后击球。

供球者位于球场中央，向练习者的后场右侧发球，练习者在中心位置做好准备。

练习者迅速从中心位置移动到后场右侧。

练习者移动到落球点后，正手吊直线球。

技巧 **100**

▶左侧正手吊球练习

等级 ★★★☆☆　　⏱时间 5分钟

扫一扫，看视频

供球者位于球场中央，练习者在中心位置做好准备。

供球者向练习者后场左侧发球，练习者从中心位置向后场左侧移动。

练习者移动到落球点后，正手吊直线球。

💡 小提示

打吊球时要控制好球的行进路线和距离，球速可以较慢，使球能落在对方的前发球线前。

击球技术

▶假动作吊球

等级 ★★★☆☆ ⏱时间 5分钟

扫一扫，看视频

技巧
101

供球者向后场打出高球，练习者先打两次
杀球。

练习者在回第三个球时打假动作吊球，击球前的动作和打杀球时相同，击球时
转换成吊球。

💡 **小提示**

假动作吊球练习意在帮助练
习者灵活选择回球方法，以
让对手难以准确判断来球路
线，进而抢占优势。

技巧 **102**

▶正手直线高远球

等级 ★★★★★　时间 5分钟

以接发球站姿做好准备。

观察来球的方向，向右侧身，转体转髋，向后场移动。右手持拍屈肘上举，左手自然上举保持平衡。

point
在身体前方的
最高点击球

当球下落到合适的位置时，向左转体转髋起跳，向后引拍。

击球时小臂外旋，然后急速内旋，带动手腕向前上方挥拍，将球击出。击球后，球拍随挥至身体左侧。

技巧 **103**

▶ **正手斜线高远球**

等级 ★★★☆☆ | ⏱时间 5分钟

扫一扫，看视频

准备接球姿势站立。

观察来球的方向，向右侧身，转体转髋，向后场移动。右手持拍屈肘上举，左手自然上举保持平衡。

point
以肩部为轴，向后画弧形引拍

当球下落到合适的位置时，向左转体转髋，向后引拍。

击球时小臂外旋，然后急速内旋，带动手腕向前上方挥拍，挥拍的同时手指用力，用拍面击打球托的右下方，使球沿着对角线的方向飞行。击球后，持拍手随着惯性向下方挥拍至体侧。

技巧
104

▶ **反手直线高远球**

扫一扫，看视频

等级 ★★★☆☆　　　时间 5分钟

以接发球站姿做好准备。

观察来球的方向，向左侧身，转体转髋，转为反手握拍，背对球网向后场移动。

引拍到身前。肘部上抬，大臂带动小臂急速外旋并展腕，拇指和手腕发力，将球击打到对方后场。

 小提示

击球时拇指和手腕要配合发力，同时双腿蹬地转体，从而协调全身发力击球。

击球技术

▶ 反手斜线高远球

等级 ★★★☆☆　时间 5分钟

准备接球姿势站立。

观察来球的方向，向左侧身，转体转髋，转为反手握拍，背对球网向后场移动。

引拍到身体前。肘部上抬，大臂带动小臂急速外旋并展腕，拇指和手腕发力，用拍面击打球托的左下方，使球朝对角线的方向飞行，即打出斜线高远球。

💡 小提示

反手击高远球时必须协调全身发力才能将球打得高而远。要想做到这一点，掌握正确的反手后场步法很重要。

技巧 **106**

▶正手高远球练习

等级 ★★☆☆☆　　⏱时间 5分钟

在比赛中处于被动局面时，可选择在后场打正手高远球。

示意图

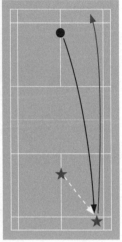

● 供球者　★ 练习者

供球路线　练习者的移动路线　击球路线

供球者将球击出后，练习者从中心位置向后场右侧移动。

练习者在击球时迅速跳起，向对方后场回击直线高远球，击球后球拍随挥到体侧，且练习者需及时返回中心位置。

技巧
107

▶左侧头顶高远球练习

等级 ★★☆☆☆　　⏱时间 5分钟

扫一扫，看视频

供球者位于球场中央，练习者站立于中心位置准备接球。

供球者向练习者后场左侧发球，练习者向后场左侧移动。

💡 小提示

练习者在打左侧头顶高远球时，可以用左手来定位球的落点，迅速调整站位到落点击球。

练习者在击球时跳起，向对方后场打直线高远球，击球后球拍顺势挥向左下方，接着练习者要及时返回中心位置。

▶高远球的两侧交替练习

技巧 **108**

等级 ★★★☆☆　　时间 5分钟

交替练习右侧正手高远球和左侧正手高远球，培养练习者快速移动到后场左右两侧并击球的能力。

供球者位于球场中央，准备向对方场地击球，练习者在中心位置做好准备。

供球者向练习者后场右侧击球，练习者迅速移动到后场右侧打正手高远球，击球后迅速回到中心位置。

供球者再向练习者后场左侧发球，练习者移动到后场左侧打正手高远球。

扫一扫，看视频

技巧 **109**

▶正手直线杀球

等级 ★★★☆☆　　⏱时间　5分钟

扫一扫，看视频

准备接球姿势站立。

观察来球的方向，向右侧身，转体转髋，向后场右侧移动。右手持拍屈肘上举，左手自然上举保持平衡。

point
用球拍向前下方击球

准备迎球时，迅速向左转体并起跳，小臂后伸，引拍至身后。击球时小臂内旋，快速向前上方挥拍。同时，急速内旋带动闪腕，球拍向前下方击球。

⚠ 容易出现的错误

摆动手臂的时机不好，导致杀球的效果差，甚至打不到球。

✓ 纠正的方法

练习者应多多练习杀球的动作，把握正确的摆动手臂的时机。

技巧
110

▶ # 正手斜线杀球

等级 ★★★☆☆　　⏱ 时间　5分钟

扫一扫，看视频

准备接球姿势站立。

观察来球的方向，向右侧身，转体转髋，向后场右侧移动。右手持拍屈肘上举，左手自然上举保持平衡。

point
用球拍向左前下方击球

💡 **小提示**

正手斜线杀球时要让自己看起来像是要打高远球或者吊球，二者与正手斜线杀球的区别在于挥拍速度不同。正手斜线杀球的击球点要略低于高远球，这样更有助于将球下压。

准备迎球时，迅速向左转体并起跳，小臂后伸，引拍至身后。击球时小臂内旋，快速向前上方挥拍。同时，急速内旋带动闪腕，用球拍切击球托的右侧，使球向左前下方飞去。

击球技术

▶反手直线杀球

等级 ★★★☆☆　　⏱时间 5分钟

| 准备接球姿势站立。 | 观察来球的方向，向左侧身，转体转髋，转为反手握拍，向后场左侧移动。右手持拍屈肘上举，左手自然上举保持平衡。 |

point
拍面向后下方压

💡 小提示

练习者打反手直线杀球时要准确把握时机，形成强劲的杀球力量，控制好杀球的下压弧线和方向。

腰腹部发力，收紧后背，上身略向右转动，同时大臂带动小臂，外旋转内旋，快速闪腕击球，击球瞬间拍面向后下方压。

技巧
112

▶反手斜线杀球

等级 ★★★☆☆　　⏱时间　5分钟

准备接球姿势站立。

观察来球的方向，向左侧身，转体转髋，转为反手握拍，向后场左侧移动。

point
拍面斜向右后方下压

持拍手屈肘上抬，腰腹部发力，收紧后背，上身略向右转动，同时大臂带动小臂，外旋转内旋，快速闪腕击球，击球瞬间拍面向右后方下压。

击球技术

▶ 正手直线劈杀

等级 ★★★☆☆　　🕐时间 5分钟

扫一扫，看视频

💡 **小提示**

劈杀是羽毛球中常用的技术之一，其速度较快，弧线陡，具有突击性，往往使对方措手不及，能达到一招制胜的效果。

准备接球姿势站立。

观察来球的方向，向右侧身，转体转髋，向后场右侧移动。右手持拍屈肘上举，左手自然上举保持平衡。

point
拍面斜切球托

准备迎球时，迅速向左转体并起跳，小臂后伸，引拍至身后。击球时右臂高举，先外旋后内旋，再闪腕，用拍面斜切球托。手腕的爆发力要集中于击球点，向正前下方击球。

▶正手斜线劈杀

扫一扫，看视频

等级　★★★☆☆　　⏱时间　5分钟

💡 **小提示**

劈杀球一般都是斜向击出的，以快速、大角度的形式飞行，可以破坏对方的防守节奏，使对方处于被动防守状态。劈杀和普通的杀球相比，只是在击球的瞬间改变拍面的击球角度，换成斜切的方式。

准备接球姿势站立。

观察来球的方向，向右侧身，转体转髋，向后场右侧移动。右手持拍屈肘上举，左手自然上举保持平衡。

准备迎球时，迅速向左转体并起跳，小臂后伸，引拍至身后。向左转体，右臂先外旋后内旋，闪腕，用拍面斜切球托。手腕的爆发力应集中于击球点，击打球的侧面使球斜向飞到对方场区的空当。

第2章 击球技术

技巧 115 ▶ 反手直线劈杀

等级 ★★★☆☆   ⏱ 时间 5分钟

准备接球姿势站立。

观察来球的方向，向左侧身，转体转髋，转为反手握拍，向后场左侧移动。

point
拍面向正后下方压

持拍手屈肘上抬，腰腹部发力，收紧后背，上身略向右转动，同时大臂带动小臂，外旋转内旋，快速闪腕击球，击球瞬间拍面向正后下方压。

第 2 章　击球技术

▶反手斜线劈杀

等级　★★★☆☆　　⏱时间　5分钟

扫一扫，看视频

以接发球站姿做好准备。　　　观察来球的方向，向左侧身，转体转髋，转为反手握拍，向后场右侧移动。

point
拍面斜向右前方
下压

持拍手屈肘上抬，腰腹部发力，收紧后背，上身略向右转动，同时大臂带动小臂，外旋转内旋，
快速闪腕击球，击球瞬间拍面向右后方下压。

技巧
117

击球技术

▶跳杀

等级 ★★★★☆　　⏱时间 5分钟

扫一扫，看视频

point
不是向正上方起跳，而是略向前

point
起跳后上半身要放松

向右转体准备迎球。

观察来球的方向，球开始下落时，双脚跳起，同时右手向后引拍。随后用力向前挥拍，争取在最高点击球。

💡 **小提示**

跳杀能提高击球点，同时能使身体各部位协调发力，加大击球力度。

击球后持拍手随挥至身体左下方。

综合练习

第3章

综合练习更加贴合实战，有助于练习者通过多种方式强化技术水平，进而帮助练习者在比赛中更好地占据主动地位。

基本练习

▶ 多球训练1

等级 ★★★★★ **⏱时间** 10分钟

point
正手放网前球

供球者向练习者的正手网前发出短球，练习者正手放网前球。

point
杀球

供球者随即向练习者正手抛出长球，练习者杀球。

point
反手放网前球

供球者向练习者的反手网前发出短球，练习者反手放网前球。

point
杀球

供球者随即向练习者反手抛出长球，练习者杀球。

示意图

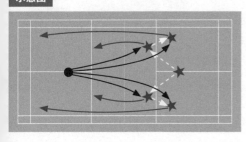

● 供球者

★ 练习者

━━▶ 供球路线

━━▶ 练习者的移动路线

━━▶ 击球路线

目的

连续接短球和长球，能增强练习者快速举起球拍做击球准备的意识。

基本练习

▶ 多球训练2

等级 ★★★★★   时间 10分钟

💡 **小提示**

练习者放网前球时的击球点要高。如果放网前球后放下球拍，则练习者推球时的反应就会变慢，因此要保持球拍始终向上举起。

> 供球者站立在场地中央准备掷球，练习者在中心位置做好准备。

point
放网前球

> 供球者向练习者正手网前抛出短球，练习者放网前球。

point
推球

> 供球者再次向练习者正手网前抛出短球，练习者立即举起球拍推球。

基本练习

▶从后场移动到前场杀球

等级 ★☆☆☆☆　　⏱时间 5分钟

point
用羽毛球桶做标记

从后场移动到前场的同时要计算好杀球的时机，找准杀球时的击球点。

练习者在后场做好准备，可以用羽毛球桶作为标记。

供球者向网前抛出高球，练习者从后场向网前移动。

练习者移动到网前后，在恰当的时机大力扣杀球。

示意图

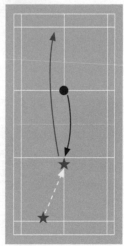

● 供球者

★ 练习者

→ 供球路线

→ 练习者的移动路线

→ 击球路线

基本练习

▶ 网前两侧移动杀球

等级 ★☆☆☆☆ ⏱时间 5分钟

此练习可以训练运动员向两侧移动后杀球的球感，使运动员体会在正确的击球点击球的感觉。

供球者站立在场地中央准备发球，练习者在中心位置做好准备。

供球者向练习者的正手网前发出高球，练习者迅速向来球方向移动。

练习者移动到落球点之后，起跳杀直线球。

练习者杀球之后迅速返回中心位置。

供球者向练习者的反手网前出击高球，练习者向来球方向移动。

💡 小提示

练习时练习者要快速移动到落球点，杀球路线为直线，全身自然协调发力。

练习者移动到落球点之后，迅速跳起杀直线球。

基本练习

▶从前场退到后场杀球

等级 ★★★★★　　⏱**时间** 5分钟

💡 **小提示**

练习者面向正前方做引拍准备时，要注意侧身向后场移动，避免直接保持面向正前方的状态向后退。

此练习能帮助练习者培养从前场退到后场杀球的意识，体会找准击球点击球的感觉。

供球者站立在场地中央准备发球，练习者在中心位置做好准备。

point
侧身后退

扫一扫，看视频

供球者向后场击出高球，练习者保持侧身状态迅速向后场移动。

练习者移动到落球点之后，迅速跳起杀斜线球。

示意图

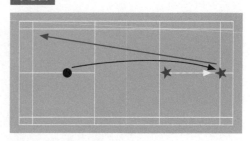

● 供球者　★ 练习者

→　　　　→　　　　→
供球路线　练习者的移　击球路线
　　　　　动路线

第3章 基本练习

技巧 123

▶向后场两侧移动杀球

等级 ★★★★★　　**⊙时间** 5分钟

此练习可以训练运动员在向后场两侧移动的同时全身协调发力杀球的技巧。

扫一扫，看视频

▌供球者站立在场地中央准备发球，练习者在中心位置做好准备。

▌供球者向练习者后场右侧击出高球，练习者迅速移动到后场右侧，跳起杀直线球。

▌练习者击球后迅速回到中心位置。

▌供球者向练习者后场左侧击出高球，练习者迅速移动到后场左侧，跳起杀直线球。

💡 小提示

该练习即可以强化正手和头顶杀球技术也可以进一步强化步法。但击球时一定要注意调整到位。

基本练习

▶正手高远球→正手放网前球

等级
★★★☆☆

⏱时间
5分钟

练习者在中心位置做好准备。

示意图

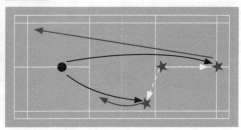

● 供球者　★ 练习者

→ 供球路线　　→ 练习者的移动路线　　→ 击球路线

💡 **小提示**

此练习可以调整为右侧正手杀球加反手网前球，或者头顶杀球加正手放网前球的组合来提升难度。

供球者向练习者正手后场击出高球，练习者迅速移动到正手后场，跳起杀直线球。

练习者击球后迅速回到中心位置。

供球者向练习者正手网前击球，练习者向正手网前移动并放网前球。

技巧
125

▶ 正手杀球移动步法
→ 正手放网前球

等级
★★☆☆☆

⏱时间
5分钟

此练习的目的是培养练习者从后场移动至前场并放网前球的技巧。

练习者在中心位置做好准备。

示意图

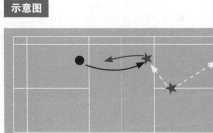

● 供球者
★ 练习者
→ 供球路线
练习者的移动路线
击球路线

point
做杀球的动作

练习者从中心位置移动到正手后场，做杀球的动作。

扫一扫，看视频

练习者做完杀球动作后，回到中心位置准备击球。

供球者向练习者正手网前抛出羽毛球，练习者迅速向落球点移动，并正手放网前球。

基本练习

▶ 正手杀球移动步法 → 正手挑球

时间
5分钟

此练习的目的是培养练习者击球后返回中心位置的意识和正手挑直线球的技巧。

示意图

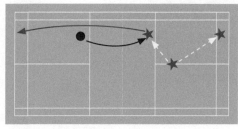

● 供球者　★ 练习者

供球路线　练习者的移动路线　击球路线

练习者在中心位置做好准备。

point
做杀球的动作

练习者从中心位置移动到正手后场，做杀球的动作。

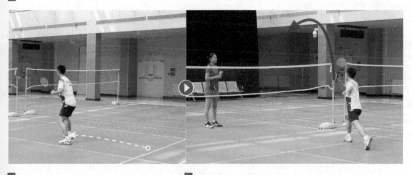

扫一扫，看视频

练习者做完杀球动作后，回到中心位置准备击球。

供球者向练习者正手网前抛出羽毛球，练习者迅速向落球点移动，并于正手网前挑直线球。

基本练习

▶头顶杀球移动步法 →反手挑球

此练习的目的是培养练习者击球后返回中心位置的意识和反手挑直线球的技巧。

示意图

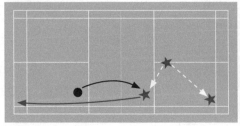

● 供球者　★ 练习者

供球路线　练习者的移动路线　击球路线

练习者在中心位置做好准备。

point
做杀球的动作

练习者从中心位置移动到反手后场，做杀球的动作。

扫一扫，看视频

练习者做完杀球动作后，回到中心位置准备击球。

供球者向练习者反手网前抛出羽毛球，练习者迅速向落球点移动，及时调整为反手握拍，并反手挑直线球。

基本练习

▶正手上网步法→正手杀球

等级
★★★☆☆
⏰时间
5分钟

示意图

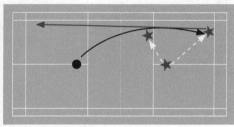

●供球者　★练习者

→供球路线　练习者的移动路线　→击球路线

练习者在中心位置做好准备。

point
做挑球的动作

扫一扫，看视频

练习者从中心位置移动上网，做挑球的动作。

练习者做完挑球动作后回到中心位置。

供球者向练习者后场右侧击出高球，练习者迅速向落球点移动，然后正手杀直线球。

基本练习

技巧 **129**

▶ **反手上网步法→头顶杀球**

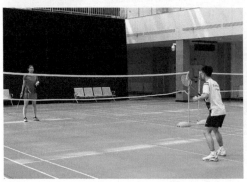

练习者在中心位置做好准备。

示意图

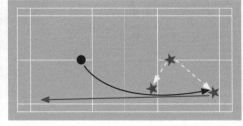

● 供球者　★ 练习者

供球路线　练习者的移动路线　击球路线

point
做挑球的动作

练习者从中心位置移动到反手网前，做挑球的动作。

练习者做完挑球动作后回到中心位置。

扫一扫，看视频

供球者向练习者后场左侧击出高球，练习者迅速向落球点移动，然后正手杀直线球。

基本练习

技巧
130

▶ **正手边线移动步法**
→正手杀球

等级
★★★☆☆

⏱时间
5分钟

示意图

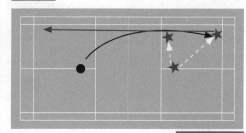

● 供球者　★ 练习者

供球路线　练习者的移动路线　击球路线

扫一扫，看视频

此练习的目的是培养练习者从边线退到后场，全身协调发力杀直线球的技巧。

练习者在中心位置做好准备。

point
做打边线球的动作

练习者从中心位置移动到正手边线，做打边线球的动作。

练习者做完打边线球的动作之后迅速返回中心位置。

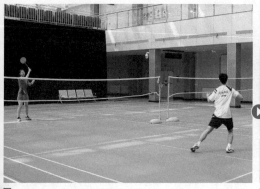

供球者向练习者后场右侧击出高球，练习者从中心位置迅速向后场右侧移动。

练习者移动到位之后杀直线球。

基本练习

▶正手杀球移动步法 →头顶杀球

等级
★★★☆☆

⏱时间

5分钟

此练习的目的是培养练习者掌握在向后场两侧移动的过程中保持身体平衡并杀球的打法。

练习者在中心位置做好准备。

示意图

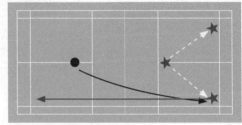

●供球者　★练习者

→供球路线　练习者的移动路线　击球路线

point
做杀球的动作

扫一扫，看视频

练习者从中心位置移动到后场右侧，做杀球的动作。

练习者做完杀球动作后，回到中心位置准备击球。

供球者向练习者的左侧后场击出高球，练习者迅速移动到落球点后，头顶杀直线球。

基本练习

▶ **正手放网前球→头顶杀球**

等级
★★★★☆

⏱时间
5分钟

此练习的目的是培养练习者在全场跑动中展开进攻的技巧。

练习者在中心位置做好准备。

示意图

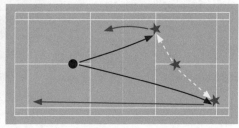

● 供球者　★ 练习者

供球路线　练习者的移动路线　击球路线

供球者向练习者正手网前发球，练习者从中心位置移动到正手网前打直线球。

练习者击球后回到中心位置。

供球者向练习者后场左侧发球，练习者从中心位置移动到落球点头顶杀直线球。

基本练习

技巧

133

▶反手放网前球→正手杀球

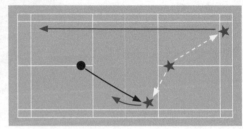

示意图

● 供球者　★ 练习者

　供球者准备向练习者反手网前发球，练习者在中心位置做好准备。

| 供球路线 | 练习者的移动路线 | 击球路线 |

扫一扫，看视频

　供球者击球后，练习者移动到反手网前放网前球，接着迅速回到中心位置。

　供球者向练习者后场右侧发球，练习者移动到落球点后正手杀直线球。

基本练习

▶正手挑球→反手挑球→头顶杀球

练习者在中心位置做好准备。

供球者向练习者正手网前击球，练习者移动到落球点正手挑球，接着迅速回到中心位置。

供球者向练习者反手网前发球，练习者移动到落球点反手挑球，接着迅速回到中心位置。

示意图

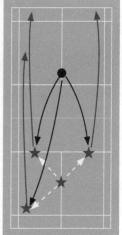

● 供球者　★ 练习者

→ 供球路线　练习者的移动路线

→ 击球路线

供球者向练习者后场左侧发球，练习者迅速移动到落球点正手杀球。

扫一扫，看视频

技巧 135

▶正手杀球→正手抽球→推球

等级 ★★★★☆

⏱时间
5分钟

为了保持进攻的态势，练习者要正确回球并保持零失误。

示意图

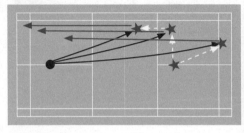

● 供球者　★ 练习者

供球路线　练习者的移动路线　击球路线

供球者准备向练习者反手网前发球，练习者在中心位置做好准备。

供球者向练习者后场右侧击球，练习者移动到落球点杀直线球。

练习者击球后迅速返回起始位置。

point 正手平球

point 推球

供球者向练习者正手边线发球，练习者移动到落球点正手抽直线球。

供球者向练习者正手网前发球，练习者移动到落球点后推直线球。

第3章　基本练习

技巧 136

▶ 头顶杀球→反手抽球→推球

这个动作是上一个动作的反手位练习，同样为了保持进攻的态势，练习者要正确回球并保持零失误。

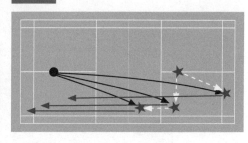

示意图

● 供球者　★ 练习者

→供球路线　　练习者的移动路线　　→击球路线

供球者准备向练习者后场左侧发球，练习者在中心位置做好准备。

point 头顶杀球

供球者向练习者后场左侧击球，练习者移动到落球点头顶杀球。

练习者击球后迅速返回中心位置。

point 反手抽球

point 推球

供球者向练习者反手边线发球，练习者移动到落球点反手抽直线球。

供球者向练习者反手网前发球，练习者移动到落球点后推直线球。

技巧 137

▶虚发网前球实发高远球

等级
★★★☆☆

⏱时间
2分钟

point
引拍距离短

击球前若练习者假意发网前球，对方的注意力一般会集中到前场，这时练习者若转而发高远球、平高球或者平快球，对方就会一时反应不过来而处于被动。

练习者站在中心位置，准备发球。

球拍距离击球点较近，几乎不做大多引拍动作，造成发网前球的假象。

point
闪动手腕击球

利用手腕的力量快速挥拍，发出高远球、平高球或者平快球，这样对方会处于被动状态，难以击出高质量的回球。

假动作

技巧

138

▶虚发近角网前球实发远角网前球

等级
★★★☆☆

⏱时间
2分钟

练习者站立在T字区附近，持球手将羽毛球举到规则限制的最高位置，反手持拍使球拍对着羽毛球，造成发近角网前球的假象。

point
用拍面斜向削击球托

💡 **小提示**

击球前练习者若假意发近角网前球，对方一般会上网扑球，这时练习者转而发远角网前球，就能打乱对方的阵脚。

球拍触球的瞬间，手腕闪动，用拍面斜向削击球托，发远角网前球。

技巧
139

▶S形引拍击球

等级 ★★★☆☆　　⏱时间 5分钟

扫一扫，看视频

练习者站立在场地中部右侧，准备迎球。

对方发出网前短球，练习者正手接发球，引拍时用球拍在正手区画一个由下至上的反S形。

练习者击球的瞬间，手腕转动，用拍面迎球。

练习者将球击到网前的对角处，或者对方中场的侧方。

💡 **小提示**

接发球的假动作有很多，练习者在判断好落球点之后应迅速启动，引拍动作快速而隐蔽，真正击球时才可以让对方防不胜防。好的接发球无论是在单打还是双打中都有利于己方占据主动地位。

假动作

▶ 虚扑球实放网前球

等级 ★★★☆☆　　⏱时间 2分钟

扫一扫，看视频

💡 **小提示**

练习者**虚扑球，实放网前球**时，对方一般只能由下向上起球，己方就容易占据主动地位。

▍练习者站在场地中部左侧，准备迎球。

point
移动要快，动作凶猛

▍对方发出网前短球，练习者应立即上网，营造扑球的假象。

▍在球拍触球的瞬间练习者应收力，将球轻轻挡回对方网前。

143

假动作

▶虚放网前球实挑后场高远球

等级

★★★☆☆

⊕ 时间

2分钟

练习者站在场地中部，准备迎球。

对方发出网前短球之后，练习者反手握拍，向反手网前迈步迎球。

💡 **小提示**

此假动作如果做得好，对方就会认为己方会放网前球，实际上己方会挑后场高远球，一旦上当，对方就会处于被动状态。

练习者做出放网前球的假象。

扫一扫，看视频

当来球达到合适的高度时，练习者的小臂和手腕发力，快速有力地将球挑向对方后场。

第3章

假动作

技巧
142

▶ 网前虚晃球拍

等级 ★★★☆☆　　⏱时间 2分钟

扫一扫，看视频

💡 小提示

此假动作会使对方不能封网，且球落点在对方场地中腰处，在双打中，对方的两人都难以够到该球，容易失分。

练习者站在场地中部，高举球拍准备迎球。

对方发出网前球后，练习者立即迎上去，给对方一种要将球拨到其反手网前的错觉。

对方的注意力集中在练习者的跑位上，此时练习者的手腕隐蔽性地闪动，将球迅速拨到对方的另一半场地中间。

假动作

▶网前虚搓实勾

等级 ★★★☆☆ 时间 2分钟

练习者站在场地中部，准备迎球。

对方发出网前短球之后，练习者移动到位，将手臂展开，做出要搓球的假动作。

当球拍处于球的下方时，练习者迅速闪动手腕，改搓球为勾对角网前球。

假动作

▶网前虚推实拨

等级 ★★★☆☆　　时间 2分钟

练习者站在场地中部，准备迎球。

对方发出网前短球之后，练习者迅速移动到位，在来球没有下落过网时，做出要推球或者挡球的假动作。

球拍触球的瞬间，练习者突然转动手腕，改变击球方向，将球拨向距离对方较远的网前边角处。

▶网前虚挑后场球实放网前球

假设对方击出网前球，练习者准确判断来球的方向和落点之后，立即移动到位。

扫一扫，看视频

移动到落球点之后，练习者大力挥拍，挥拍的幅度要大，给对手造成要大力挑球，准备将球挑向其后场的错觉。

💡 小提示

此假动作容易使对方判断失误，对方已准备迎后场球，来不及再次启动，从而会陷入被动。

球拍触球的瞬间，练习者手腕制动收力，用球拍轻击球托，放直线网前球。

假动作
▶ 中场虚跳杀球实劈吊球

等级 ★★★☆☆　　⏱时间 2分钟

练习者站在场地中部右侧，准备迎球。　　　　快速移动至落球点。

扫一扫，看视频

起跳，做出大力挥拍的样子，营造要跳杀的假象。

💡 **小提示**

己方起跳容易使对方误认为己方要跳杀，然后对方就会做出退到中场并降低重心的反应，而己方突然变换成劈吊球则会使其难以应付。

球拍触球的瞬间，手腕收力，用拍面切击球托，将球劈吊向对方的网前边角处。

假动作

技巧
147

▶中场虚跳杀球实放网前球

等级
★★★☆☆
⏱时间
2分钟

💡 **小提示**

己方起跳容易使对方误认为己方要跳杀，然后对方可能会做出退到中场、降低重心的反应，从而无法及时接到突然到来的网前球。

练习者站在场地中部右侧，身体微屈，高举球拍准备迎球。

快速移动至落球点，起跳，做出大力挥拍的动作，营造要跳杀的假象。

扫一扫，看视频

球拍触球的瞬间，手腕制动收力，用拍面轻击球托，放出网前球。

第3章　假动作

技巧 148

▶ 中场虚杀球实抽球

等级　★★★☆☆　　⏱时间　2分钟

扫一扫，看视频

练习者站在场地中部，身体微屈，高举球拍准备迎球。

快速移动至落球点，看到对手回击来的中场球，立刻举拍，起跳，做出要杀球的假动作。

💡 **小提示**

此假动作容易使对方防不胜防、措手不及，而出现失误。

不在高点杀球，等球稍微降落，与肩同高或者稍高过网顶时，大力平抽球。

▶后场下手击球假动作

等级 ★★★☆☆　　⏱时间 2分钟

练习者站在场地中部，准备迎球。

💡 小提示

此假动作容易使对方放松警惕，从而难以补救网前球。

扫一扫，看视频

假设对方将球打到己方后场，此时己方可以假装对方的球要出界，不做出击球动作，任其下落，迷惑对方。

等球快要触地时，用正手下手挥拍，挑出一个大角度的网前球。

假动作

▶后场反手击球假动作

等级 ★★★☆☆   ⏱时间 2分钟

练习者站在场地中部，准备迎球。

假设对方将球打到己方的反手后场，且球落点比较理想。

己方可以假装要回击一个高远球或者平高球。

击球的瞬间，手腕控制拍面转动，回击一个网前球，迅速使球落在距离对方较远的网前。

体能训练

第4章

羽毛球对体能的要求较高，尤其是在单打比赛中，非常考验运动员的体能。本章将从爆发力、力量、速度灵敏性以及协调性几个方面来说明如何开展针对性的练习。

爆发力

▶原地高跳

等级 ★☆☆☆☆　　**时间** 1分钟

双脚开立，与肩同宽，连续向上做大幅度跳跃动作。落地时，前脚掌先着地，然后过渡到全脚掌着地，重复练习。

💡 **小提示**

做此动作时应收紧腹部，带动身体向上用力，跳起后双腿充分伸展。

爆发力

▶团身跳

等级 ★★☆☆☆　　⏱时间 1分钟

双脚开立，与肩同宽，双臂向上摆动至体前，跳起后双腿屈膝并贴近胸前，落地时双臂后摆、屈膝缓冲，重复练习。

💡 **小提示**

跳起时双腿屈膝向上，屈髋团身，落地后
双臂向后摆动以连续进行下一次跳跃。

爆发力

▶徒手蹲双脚跳

等级 ★★★☆☆   ⏱时间 1分钟

双脚开立，与肩同宽，挺胸直背，腹部收紧，双手环抱于头后。屈髋屈膝下蹲至大腿与地面平行。

快速伸髋伸膝向上跳起，落地时屈髋屈膝缓冲。然后回到起始姿势，重复练习。

其他角度

爆发力

▶ 壶铃双臂甩摆

等级 ★★★☆☆　　⏱**时间** 1分钟

扫一扫，看视频

💡 **小提示**

在甩摆的过程中动作要连贯，核心收紧，腰背挺直，肩关节保持稳定。

收紧核心并向后拉壶铃，将其甩至两腿间。

双手紧握壶铃把手，缓慢屈髋屈膝下蹲至大腿与地面接近平行，同时躯干向前倾斜，保持壶铃与身体一定距离且底部接触地面。

下肢肌群协同发力，快速伸髋伸膝同时身体向上站起。手臂跟随身体运动向上甩摆壶铃至双臂与地面平行，甩摆过程中手肘略微屈曲。

将壶铃自然下摆至两腿间。回到起始姿势，重复练习。

爆发力

▶爆发力俯卧撑

等级 ★★★☆☆　　**时间** 1分钟

扫一扫，看视频

point
腰背部挺直

俯撑姿势，双臂伸直并垂直撑于瑜伽垫上，双脚尖撑垫，核心收紧，身体呈一条直线。

双臂屈肘向下，使身体尽量贴近地面。

point
爆发式推起时，身体保持稳定

双臂快速发力伸肘，同时快速、爆发式地撑起身体，使双手离开瑜伽垫，此时身体依然保持一条直线。

回到起始姿势，重复练习。

▶跳深练习

等级 ★★★☆☆　　⏱时间 1分钟

💡 小提示

跳深练习过程中要注意以下几点。

1.准备起跳时，用力摆臂，带动身体，辅助发力。

2.落地时，膝关节不要内扣。

3.在腾空阶段，核心收紧，腰背挺直，体会核心发力的感觉，控制整个身体。

4.第一次落地后，尽可能快速地再次起跳。

身体直立，站于跳箱边缘，右腿支撑身体，左腿向前悬空，双臂伸直举过头顶。

重心前移，跳下跳箱，落地时屈髋屈膝，躯干向前倾，同时双臂后摆。

双脚蹬地，伸髋伸膝，向上跳起，躯干直立，再次向上摆动双臂。

落下时恢复屈髋屈膝和双臂后摆的姿势。

站直。回到起始姿势，重复练习。对侧亦然。

爆发力

▶双脚跳上跳箱

💡 **小提示**

为了避免下肢受到过度的压力，动作完成后应缓慢地走下箱子而不是向下跳。

双脚开立，与肩同宽，身体直立站于跳箱之前，双臂向上伸直举过头顶，掌心相对。

屈髋下蹲，躯干前倾，同时双臂快速向下摆动至身后。

双脚蹬地，使身体向上并向前跳，双臂随之向上摆动至头顶。

身体跳上跳箱，同时身体恢复屈髋屈膝和双臂后摆的姿势。

伸髋伸膝，向上站起。回到起始姿势，重复练习。

技巧 **158**

▶ **药球旋转过顶砸球**

等级 ★★☆☆☆　　时间 1分钟

扫一扫，看视频

前后分腿站立，双手紧握药球，举在腹部前方，屈肘。向后腿侧下方移动药球至髋部外侧，再向上方移动药球至头顶。

之后向前腿侧地面快速下砸药球，使药球回弹并用双手接住药球。回到起始姿势，重复练习。

力量

▶ **眼镜蛇式肱三头肌屈伸**

等级 ★★☆☆☆　　时间 1分钟

趴在瑜伽垫上，双腿伸直并拢，双臂在躯干两侧屈曲，肘部向后，双手在肩关节两侧，掌心向下撑垫。

扫一扫，看视频

胸部及上臂发力，伸直双臂，将上半身和髋部撑离地面，膝关节撑地，在此过程中呼气。之后缓慢屈曲手臂并回到起始位置，同时吸气，重复练习。

其他角度

力量

▶ 哑铃双臂俯身后拉

扫一扫，看视频

等级 ★★★★★　⊙时间　1分钟

▍双脚开立，与肩同宽，向前俯身，膝盖微屈，双手握哑铃，双臂自然下垂，掌心相对。

▍背部发力，双肘屈曲，双臂同时向后拉哑铃至躯干的两侧，回到起始姿势，重复练习。

其他角度

力量

▶ **哑铃基本弯举**

等级 ★★☆☆☆　⏱时间 1分钟

双脚分开，与肩同宽。双臂伸直自然垂于躯干两侧，双手各握一只哑铃，掌心向前。

肱二头肌发力，双臂向上弯举至小臂与地面垂直，掌心向后。停留数秒，回到起始位置，重复练习。

其他角度

力量

▶ 壶铃深蹲上举

等级 ★★★☆☆　　⏱ **时间** 1分钟

▌双脚开立，略宽于肩，双手握壶铃并将其放在胸前。

▌保持挺胸抬头，身体屈髋屈膝至大腿与地面平行。

▌臀部与腿部发力使身体站起，同时肩部与背部发力，双臂向上举过头顶至完全伸展。回到起始姿势，重复练习。

其他角度

力量

▶ **哑铃对握硬拉**

等级 ★★★☆☆　　 ⏱ 时间 1分钟

point
运动过程中以髋关节
运动为主导

双脚开立,与肩同宽,向前俯身,膝盖微屈,双手持哑铃自然下垂,掌心相对。

躯干保持挺直,接着伸髋抬起身体,再伸膝回到起始姿势,重复练习。

其他角度

169

力量

▶ 平板支撑

等级 ★★★☆☆　　⏱时间　1分钟

扫一扫，看视频

俯卧，双手双脚撑垫，双腿伸直，双臂伸直位于肩部正下方，背部保持平直，腹部收紧。坚持规定时间。

其他角度

力量

▶ **哑铃分腿蹲**

等级 ★★★☆☆　　⏱时间 2分钟

分腿姿势站立，双手握哑铃于身体两侧，自然下垂。

屈髋屈膝下蹲至前侧大腿与地面平行，后侧大腿与地面接近垂直。

臀部与腿部发力，回到起始姿势，重复练习。

力量

▶ **卷腹**

等级 ★★★☆☆　　🕐时间　1分钟

仰卧，双腿屈膝并拢，脚掌撑垫，背部紧贴瑜伽垫，双臂交叉抱胸。

双腿保持不动，腹部发力，使上半身离开瑜伽垫并大致与瑜伽垫成45度角。

有控制地回到起始姿势，重复练习。

速度灵敏性

▶高抬腿连续跨羽毛球

等级 ★★☆☆☆　　⏱时间 1分钟

扫一扫，看视频

准备7~8个羽毛球，等距排成一列，两个羽毛球之间的距离以不影响高抬腿动作为宜。

站在羽毛球列的一端，向前做高抬腿动作，每次落脚都要落在两个羽毛球之间的空位中。

💡 小提示

为了提高速度和灵敏性，动作节奏应较快。练习者可适当调节步幅，但不要踩到羽毛球，从而有节奏地向前移动。

完成一定的次数。

技巧 168 ▶ 并步Z形穿过羽毛球

等级 ★★☆☆☆　　⏱时间 1分钟

准备5个羽毛球，等距排成一列，两个羽毛球之间的距离以不影响脚部动作为宜。在羽毛球列的一端站立准备。

左脚蹬地发力，身体向右移，使右脚落在羽毛球的右前方，左脚并步跟进。然后向左，重复动作，直至用并步穿过所有羽毛球。

💡 **小提示**

右脚穿过羽毛球的同时，左脚跟上。

注意要从两个羽毛球之间穿过。

扫一扫，看视频

速度灵敏性

▶ 双脚连续跳过羽毛球

等级 ★★★★★ **时间** 1分钟

将7~8个羽毛球等距排成一列，双脚并拢，向前逐一跳过羽毛球，或者身体朝向一侧逐一跳过羽毛球。

💡 **小提示**

运动过程中不用跳得太高，中途不要停，
要保持良好的节奏。

扫一扫，看视频

▶栏架纵向并步停顿Z形

技巧 170

等级 ★★☆☆☆ ⏱**时间** 1分钟

屈膝屈髋至约1/4蹲位，站于栏架的一侧，双脚开立与肩同宽，双臂自然垂于身体两侧。

左脚蹬地发力，右腿向栏架间侧向移动，左腿跟进。

右腿继续向右跨步，左腿跟进但不落地，随即向前一个栏架中间跨步，并以相同的方法通过所有栏架。重复练习。

扫一扫，看视频

💡 **小提示**

移动过程中膝盖和脚尖一致向前，注意控制身体重心。

速度灵敏性

▶栏架纵向连续Z形

等级 ★★☆☆☆　⏱时间 1分钟

屈膝屈髋至约1/4蹲位，站于栏架的一侧，双脚开立，与肩同宽，双臂自然垂于身体两侧。

左脚蹬地发力，右腿向栏架间侧向移动，左腿迅速跟进。右腿继续向右跨步，左腿迅速跟进。

换左腿向左跨步，并以相同的方法通过所有栏架。

💡 小提示

这组动作的顺序和上一组Z形动作的顺序相同，但动作幅度略小，更容易达成训练目标。

技巧
172

扫一扫，看视频

▶对侧手脚互碰

等级 ★★☆☆☆　⏱时间 1分钟

双脚平行站立，约与肩同宽，脚尖朝前，双腿伸直，臀部收紧，挺胸抬头，目视前方，下颌收紧，双臂伸直，自然放于身体两侧。

双腿轻轻跳跃，一侧小腿向前屈膝、外旋碰到对侧的手，回到起始姿势。接着另一侧小腿向前屈膝、外旋碰到对侧的手，回到起始姿势。

💡 小提示

在整个跳跃过程中，躯干要始终保持在中立位。跳跃时快速完成对侧手脚相碰的动作。

一侧小腿向后屈膝、外旋，在身体后碰到对侧的手，回到起始姿势。接着另一侧小腿向后屈膝、外旋，在身体后碰到对侧的手，回到起始姿势。重复练习。

协调性

▶ 快速转髋

等级 ★★★☆☆   时间 1分钟

💡 **小提示**

在整个跳跃的过程中，躯干始终保持在中立位。核心收紧，双脚平行，膝盖、脚尖方向与髋关节转动方向一致。

双脚平行站立，小于肩宽，脚尖朝前，双腿伸直，臀部收紧，挺胸抬头，目视前方，下颌收紧，双臂伸直，自然放于身体两侧。

point
手臂随着身体自然协调地摆动

下肢快速蹬地发力，腾空后，髋关节迅速转动，摆向一侧。落地后，再次起跳，髋关节向另一侧快速转动。回到起始姿势，完成练习。

协调性

▶屈髋外展跳

等级 ★★★☆☆   ⏱时间 1分钟

双腿开立，小于肩宽，双手叉腰，面部朝前。一侧腿向上屈髋屈膝，另一侧腿发力向上跳起，回到起始姿势换对侧重复以上动作。

💡 **小提示**

在整个动作过程中，保持核心收紧。

同侧腿落地后再屈髋屈膝并外展，身体向上跳。回到起始姿势，换对侧重复以上动作。重复练习。

对侧肘碰膝垫步跳

双脚平行站立，与肩同宽，脚尖朝前，双腿伸直，臀部收紧，挺胸抬头，目视前方，下颌收紧，双臂伸直，自然放于身体两侧。

一侧腿快速向前屈髋屈膝上抬，对侧手臂肘关节屈曲，用肘关节触碰抬起腿的膝关节。

另一侧腿快速向前屈髋屈膝、抬至大腿与地面平行，对侧手臂肘关节屈曲，用肘关节触碰抬起腿的膝关节。重复练习。

💡 小提示

在整个跳跃过程中，躯干始终保持在中立位。核心收紧，一侧大腿抬至与地面平行，脚尖勾起，另一侧手臂随身体自然协调摆动。

协调性

▶ **垫步直腿跳**

扫一扫，看视频

等级 ★★★☆☆　　🕐 时间　1分钟

双腿开立，小于肩宽，双手自然垂于身体两侧，面部朝前。

腿部发力向上跳起，一侧腿保持伸直并向上屈髋，对侧手臂伸直触碰抬起腿的脚尖。

换至对侧，重复以上动作。重复练习。

💡 **小提示**

在整个动作过程中，保持核心收紧。

综合制胜攻略

第5章

羽毛球运动员除了掌握基本的技术之外，还需要了解一些常用的战术，才能更好地战胜对手。本章将从单打和双打两个方面介绍一些常用的战术。

技巧
177

▶ **发球战术：
右发球区发底线球**

等级
★★★☆☆
🕐时间
2分钟

实施方法

发球时可以在右发球区发底线球，因为对方在右场区接发球时，一般处于中线附近。此时如果发底线球，球的飞行时间较长，己方有充分的时间调整状态。

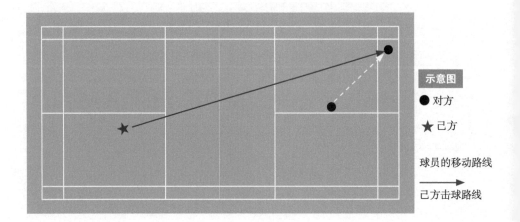

示意图
● 对方
★ 己方

球员的移动路线
→ 己方击球路线

 容易出现的错误

无法让对手跑起来，对手反应的时间充裕，而且体能消耗不大。

 纠正的方法

每个发球的目标都是让对手离开中场位置。

技巧
178

► # 发球战术：
左发球区发底线球

等级

★★★☆☆

⏱时间

2分钟

实施方法

发球时可以在左发球区发底线球，因为接发球员在左场区接发球时，一般处于中左场区的中间位置。此时如果发底线球，左右可靠近中线或者边线，可以为自己争取调整状态的时间。

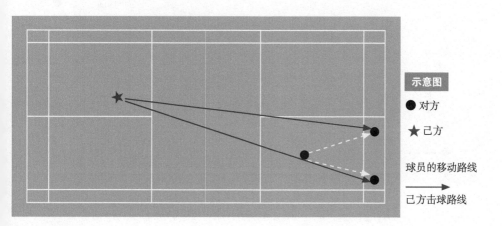

示意图

● 对方

★ 己方

球员的移动路线

→ 己方击球路线

 小提示

初学者要想在单打比赛中获胜，就要学会维持回合。大多数初学者还没有完全学会切球、搓球或者使用各种假动作。因此，初学者要尽量比对方坚持得更久，保证球不落地，等待对方犯错。

🔑 **技术要领**

一些战术要点

- 将大多数球打到对方的后场。
- 将大多数球回到对方较弱势的一侧，通常为对方的反手方向。
- 通过打四角球，调动对手在场上奔跑。
- 回球时强调落点和深度，而不是速度，这样可以尽可能地减少失误。
- 试着在比赛过程中改变节奏。
- 在头顶击球时保持动作一致，因为假动作的使用是很多优秀球员的必备素质。

技巧 179

▶充分打击对方弱点 先发制人1

实施方法

假设对手的弱点是后场回球能力差，己方应用力击球，将对手困在后场，趁其回球质量不高时发起进攻。

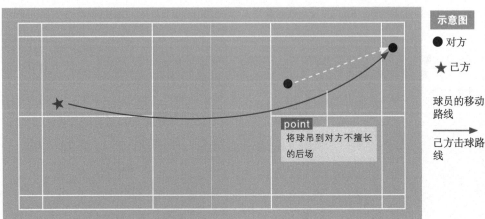

> **point**
> 将球吊到对方不擅长的后场

示意图
● 对方
★ 己方

球员的移动路线

己方击球路线

对方的力量不足，无法从后场有力地回球。己方可以多次击球到后场，逼迫对方加强对后场的防守。

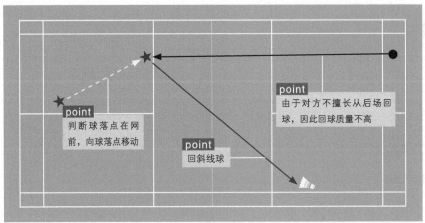

> **point**
> 判断球落点在网前，向球落点移动

> **point**
> 回斜线球

> **point**
> 由于对方不擅长从后场回球，因此回球质量不高

示意图
● 对方
★ 己方

球员的移动的路线

己方击球线

对方击球路线

由于对方不擅长从后场回球，因此会回出较容易处理的球，这时己方可以借机将球击向另一侧边线。

💡 **小提示**　单打比赛中，大致有两种战术，一种战术是攻击对方弱点，使其失误；另一种战术是保持自己的进攻节奏。

单打战术

▶ **充分打击对方弱点**
先发制人2

等级
★★★☆☆

⏱时间
2分钟

实施方法

假设对方的弱点是前场回球能力差，这时己方可以吸引对方来到网前，趁其回球质量不高时发起进攻。

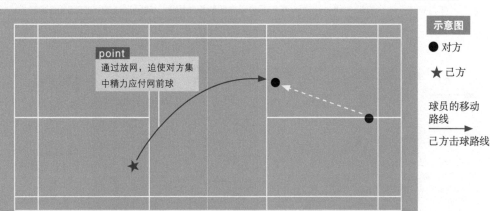

point
通过放网，迫使对方集
中精力应付网前球

示意图

● 对方

★ 己方

球员的移动
路线

己方击球路线

对方不擅长打短球，其弱点是前场回球能力差。这时己方可以打网前球吸引对方上网，形成多拍。

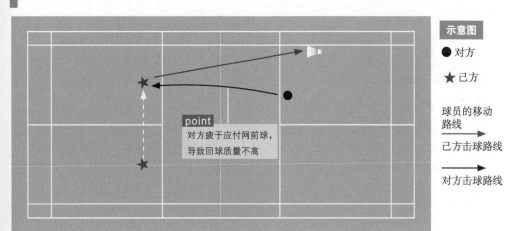

point
对方疲于应付网前球，
导致回球质量不高

示意图

● 对方

★ 己方

球员的移动
路线

己方击球路线

对方击球路线

对方在多拍中可能会出现失误，挑出高球，这时己方可以借机进攻。

 小提示　此技巧和技巧181都是讲解针对对方弱点的进攻战术。己方找出对方不擅长
的打法和球路，集中给球，以此扰乱对方的节奏，就能在比赛中获得优势。

技巧

181

▶压制对方优势战术－"消耗型"

实施方法

若对方体力充沛且适合打持久战，己方能否在短时间内取胜至关重要。放网形成的多拍可以诱导对方挑高球。

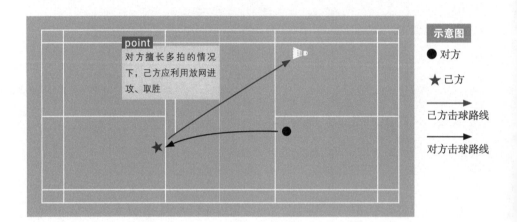

point
对方擅长多拍的情况下，己方应利用放网进攻、取胜

示意图
● 对方
★ 己方
→ 己方击球路线
→ 对方击球路线

 技术要领

根据对方的特点制定战术

根据对方是擅长打多拍持久战、擅长从后场回球，还是擅长接杀球与抽球等特点，己方可以制定"消耗型"战术、"进攻型"战术以及"接球型"战术。掌握这些战术的特点，己方就能压制对方的优势、攻其弱点。

第5章	单打战术		等级

▶压制对方优势战术–"进攻型"

技巧 **182**

等级 ★★★☆☆

⊙时间 2分钟

实施方法

若对方体力充沛且擅长从后场回球，己方就不要给后场高球，而要吸引对方靠近网前，趁对方回球质量不高时进攻。

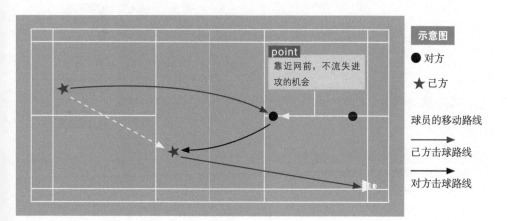

point
靠近网前，不流失进攻的机会

示意图
● 对方
★ 己方

球员的移动路线

己方击球路线

对方击球路线

💡 **小提示**

提高羽毛球水平的一种手段就是观察成功的球员，并对他的表现进行剖析，以及注意大多数球员会犯的常见错误，或者他们在球场上特点区域的习惯球路。在与某位球员比赛之前或者热身期间，你可以观察他，并确定他的弱点。比赛时应利用好其一切弱点来取胜。

技巧
183

▶ **压制对方优势战术–"接球型"**

实施方法

"接球型"战术是指己方在对方擅长接杀球和抽球时采用的战术。己方应使用不同的击球战术，消耗对方的体力。

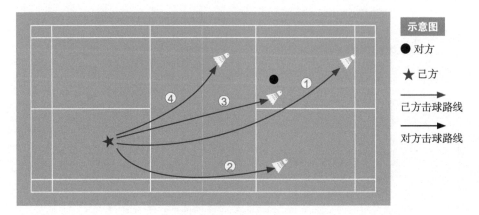

示意图
● 对方
★ 己方
→ 己方击球路线
→ 对方击球路线

① 平高球攻对方后场　　③ 低手杀球
② 高手杀球　　④ 从杀球位置落下，改为吊球或劈杀

 技术要领

使用各类战术的要点

使用"消耗型"战术时要避免多拍。而使用"进攻型""接球型"战术时要前后调动对方位置，如果对方擅长接球，则其进攻能力往往较弱，己方可以大胆杀球消耗其体力。

各类战术关系图

💡 **小提示**

己方要想在单打实战中更好地运用战术，就需要在比赛前掌握对手擅长打法的情报，观察对方的打球风格，分析其优缺点，从而更好地制定战术。

单打战术

▶放网等待机会球

等级 ★★★☆☆　　⏱时间 2分钟

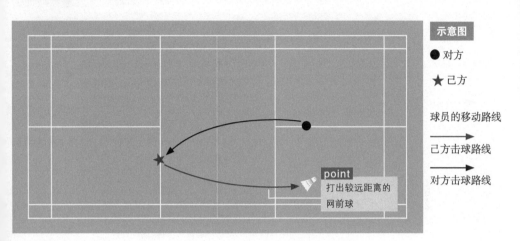

示意图

● 对方

★ 己方

球员的移动路线
→

己方击球路线
→

对方击球路线
→

point
打出较远距离的
网前球

对方放网前球时，为避免在网前攻守，己方回的网前球可越过前发球线。

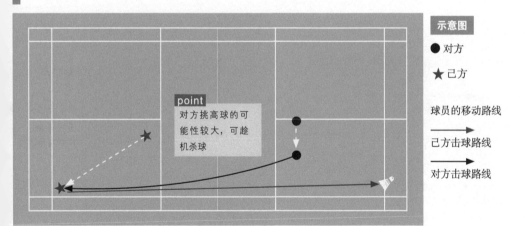

示意图

● 对方

★ 己方

球员的移动路线
→

己方击球路线
→

对方击球路线
→

point
对方挑高球的可
能性较大，可趁
机杀球

较长距离的网前球很难被回到网前，因此对方大概率会将球挑向后场，己方可预先移动，将球反攻扣杀至对方后场。

💡 **小提示**

该战术适用于擅长多回合对战的球员。若想使比赛形成多回合，较远距离的网前球是有效的打法。多数情况下，放网虽然是进攻网前，但对方只要防守及时，就可以接防并形成网前攻守。

技巧 185

▶前后调动对方位置

等级 ★★★☆☆　　⏱时间 2分钟

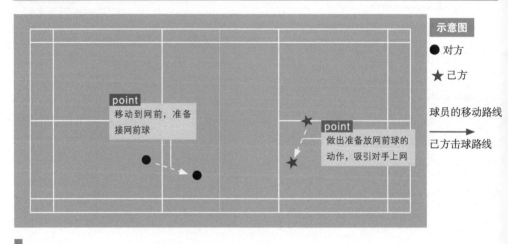

示意图

● 对方

★ 己方

球员的移动路线

己方击球路线

point 移动到网前，准备接网前球

point 做出准备放网前球的动作，吸引对手上网

己方放网前球，将对方吸引到网前。对方向网前移动，准备接球。

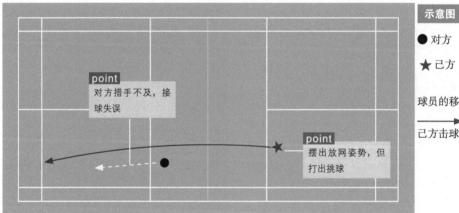

示意图

● 对方

★ 己方

球员的移动路线

己方击球路线

point 对方措手不及，接球失误

point 摆出放网姿势，但打出挑球

此时己方打出越过对方头顶的挑球，趁对方来不及调整动作时进攻。

 技术要领

让对方看到你准备放网前球的动作

如果己方提前做出挑球的准备动作，对方就会做好接挑球的准备。因此己方要保持放网前球的姿势，在击球时直接出手挑球。动作要点是利用从肘部到手指的爆发力，将球高高挑起。

单打战术

▶ **防守反攻**

等级 ★★★☆☆　　时间 2分钟

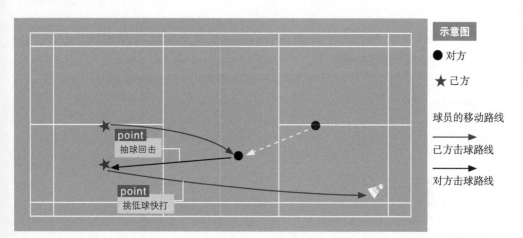

示意图
● 对方
★ 己方

球员的移动路线
己方击球路线
对方击球路线

point 抽球回击

point 挑低球快打

己方发球调动对方到网前，对方抽球回击，接着己方挑低球快打。

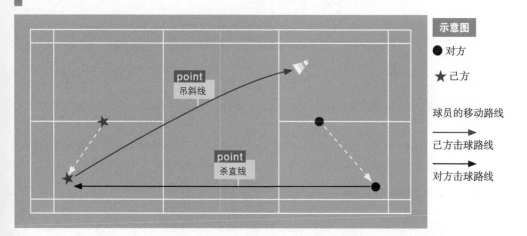

示意图
● 对方
★ 己方

球员的移动路线
己方击球路线
对方击球路线

point 吊斜线

point 杀直线

对方来不及调整姿势，勉强杀直线球。己方预判对手回直线球，迅速吊斜线球。这时对方仍在后场，无法及时上前接球。

 技术要领

大胆杀球

如果己方擅长接球，可以主动转守为攻。首先己方向后场挑球，多次挑球后，对方杀球不成功会开始急躁。这时挑一个低球，对方会勉强杀球。趁对方来不及调整姿势，己方冷静地吊斜线球即可。

技巧
187

▶**基本站位：平行站位**

等级 ★★★☆☆　　⏱时间 1分钟

实施方法

两人一左一右并排站立，这种站位适合防守杀球或者打边线球。两人中间的空当区域可能会成为对方进攻的目标，因此两人在接球时要配合好。

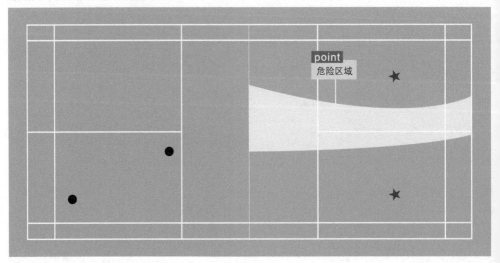

示意图　●对方　★己方

此站位下己方两人各自负责各自的半场，且应该特别注意防守两人之间的区域，因为这是最难防守的区域之一。

回击对方后场来球后，己方应立即从前后站位变回平行站位，两人分别负责各自半场，并多用抽球技术在对方后场底线两角进行压制，使对方回球无力，再伺机扣杀或者吊球取胜。

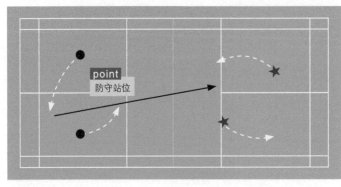

示意图　●对方　★己方　　➡对手击球路线　选手的路线

双打时尤其要注意防守己方场地的中心区域，因为这是己方球员职责重叠的区域。但有一条不成文的规定，即正手回球优先于反手回球。左图为从攻击站位转换为防守站位的移动方法。

双打战术

技巧
188

▶ 基本站位：前后站位

等级 ★★★☆☆　**⏱时间** 2分钟

实施方法

前后站位指两人一前一后，属于进攻型站位。应用前后站位时，控球能力较强的球员负责前场，攻击性较强的队员负责后场，发球时也是如此。

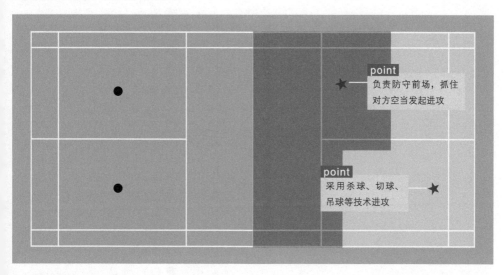

point 负责防守前场，抓住对方空当发起进攻

point 采用杀球、切球、吊球等技术进攻

示意图 ●对方　★己方

发球球员发球之后，可以上网封堵前场，后场球员则应对中后场来球。从进攻方面来说，前场球员可以通过网前技术，比如扑、搓、放网、勾对角等，打乱对方的站位再伺机攻杀；或者后场球员进行连续扣杀，前场球员负责封堵网前，伺机给对方造成致命打击。

🔑 **技术要领**

前场球员注意边线，后场球员注意直线球

采用前后站位时，前场球员要注意边线，后场球员要注意对方回的直线球。前场球员要能及时应对落在后方边线的球，后场球员也要积极回击落在前方的直线球。

技巧

189

▶ **轮转配合**

等级 ★★★☆☆ ⊙时间 约10分钟

从平行站位转换为前后站位

当对方回球的落球点较远形成机会球时，球离开对方球拍的瞬间己方就开始轮转，后场球员准备采用杀球或者推球进攻。

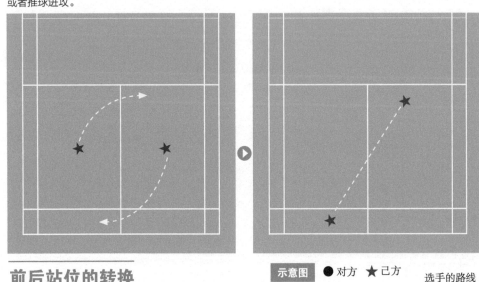

前后站位的转换

前后站位的原则是前场球员负责防守边线，后场球员负责防守直线球。如果前场球员预判来球将要落到前场另一侧边线并移动，后场球员则向与之相反的方向移动，确保己方两名球员处于前后站位。

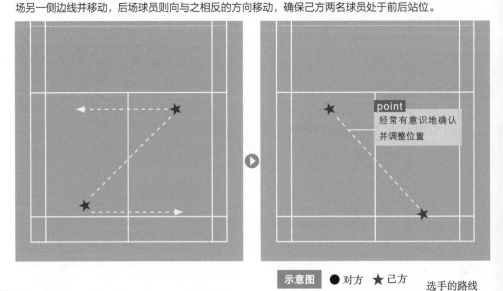

示意图 ●对方 ★己方　　选手的路线

双打战术

▶实战站位

等级 ★★★☆☆　　**时间** 2分钟

目的

帮助球员掌握实战中变换站位的时机。有时击球者先移动，有时是球员看到队友击球后先改变站位。面对对方的回球，击球者预判球路，提前到达落球位置可以帮助己方占据优势，搭档则要随时注意补位，防止己方场区出现空当。

示意图

● 对方

★ 己方

球员的移动路线

己方击球路线

对方击球路线

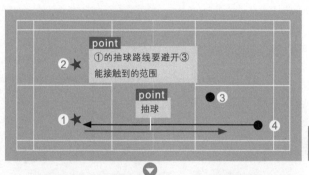

point
①的抽球路线要避开③能接触到的范围

point
抽球

④杀球，①用抽球防守。

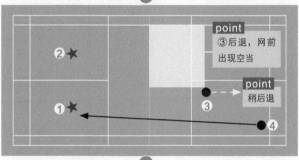

point
③后退，网前出现空当

point
稍后退

④杀球，③为了防止①抽球，稍向后退。

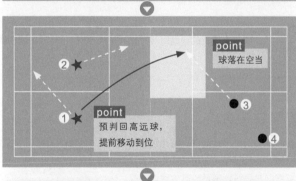

point
球落在空当

point
预判回高远球，提前移动到位

①回球，使球落在空当处，③因接球不及时，大概率会回高远球，己方攻守转换。

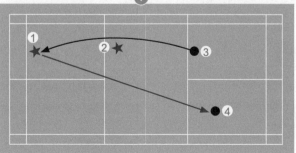

灵活运用站位的转换，为①创造杀球机会。

技巧
191

▶ **双打接发球战术：搓放网前球**

实施方法

将球搓向对方网前两角，迫使对方在较低的位置回球，有利于己方扑球。

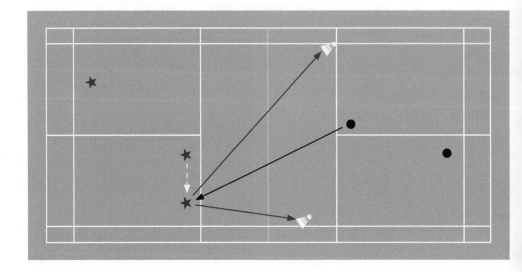

示意图 ● 对方 ★ 己方　　球员的移动路线　　己方击球路线　　对方击球路线

 技术要领

双打接发网前球战术

该战术的关键在于在对方来球处于飞行中的最高点时，根据最高点的位置采取相应的击球方式。一般可以采用扑球，将球回到对方中场的后侧，迫使对方从低点回球。这时己方可以趁机再次扑杀，搓放网前球或者勾对角线球都是较好的回球方式。

💡 **小提示**

除根据对方的发球位置来决定回球方式之外，己方还可以根据对方及自身的技术特点来选择合适的回球方式，如果对方缺乏攻击力，己方可以直接向对方底线的两角回球；如果对方的反手能力较差，己方可以向对方的反手底线回球。

技巧
192

▶ **双打接发球战术：勾对角**

等级 ★★★☆☆　　时间 2分钟

实施方法

当对方发来的球靠近己方前场的边线或己方在发球时，己方可用勾对角线的技术将球回击到对方网前靠近边线的位置。

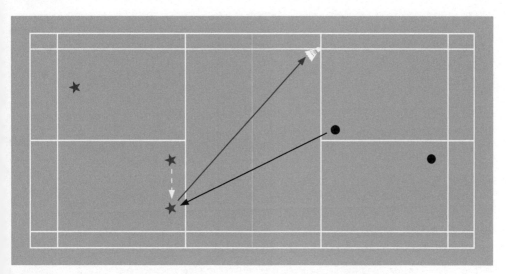

示意图 　●对方 ★己方

球员的移动路线　　己方击球路线　　对手击球路线

 容易出现的错误

接球时，你与搭档犹豫该谁接球。

 纠正的方法

己方两人始终站在正确的位置上，当回球落向场地中间时，使用正手的球员接球。

💡 **小提示**

一般来讲，你和搭档的每个回球都应该迫使对方起高球。己方两人随时调整站位会在场上更加轻松。

技巧
193

▶ **攻人战术**

等级 ★★★☆☆　　⏱时间 2分钟

实施方法

当对方的两名球员的技术水平不平衡时，常常采用这种战术。一般来说，己方两人通过将球下压至前场，合力进攻对方的前场球员；或者使对方的后场球员去救前场，己方趁机偷袭对方后场。

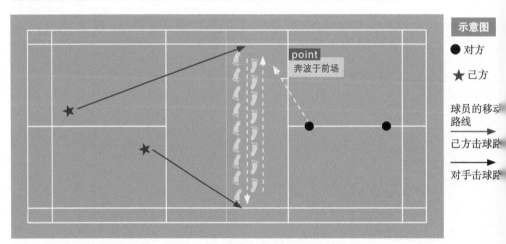

示意图

● 对方

★ 己方

球员的移动
路线

己方击球路

对手击球路

己方两人合力进攻前场，将球压制在对方的前场，使对方前场球员疲于应付，然后找机会突击。

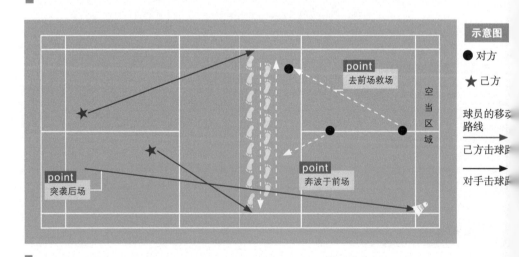

示意图

● 对方

★ 己方

球员的移动
路线

己方击球路

对手击球路

在对方的后场球员上前救场时，对方后场会出现较大空当，此时己方可以偷袭对方后场。

双打战术

▶攻中路战术

| **等级** ★★★☆☆ | ⏱**时间** 2分钟 |

实施方法

这个战术常用于对方配合不太默契时。如果对方是平行站位，己方可以将球击到对方两人中间，使对方抢球回击或者漏接球；如果对方是前后站位，己方可以将球击向对方中场两侧的边线处，使对方前场球员不易接到球，而后场球员只能低手位接球。

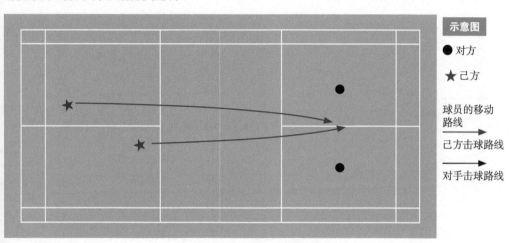

示意图

● 对方

★ 己方

球员的移动路线　➡

己方击球路线　➡

对手击球路线　➡

己方将球击向对方两人的中间区域，使其相互争球或者相互让球。

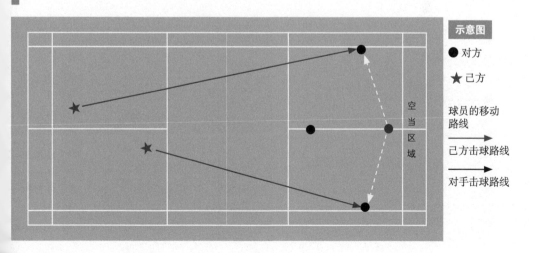

示意图

● 对方

★ 己方

球员的移动路线　➡

己方击球路线　➡

对手击球路线　➡

空当区域

己方将球击到对方中场的两侧边线处，对方后场球员奔向两侧被动地低手位击球，回球质量不高，对己方有利，并且此时对方后场会出现空当，己方可趁机突袭。

技巧 195 ▶拉后场球进行反击战术

等级 ★★★☆☆ ⏱时间 2分钟

实施方法

如果对方的后场球员扣杀能力较差，己方可以使用这个战术。这是对后场球综合运用的战术，指己方将对方的一名球员锁定在后场来回奔波，待其击出质量不高的球时，己方可以趁机进攻；当对方的前场球员退回后场救援时，己方可以趁机突袭前场。

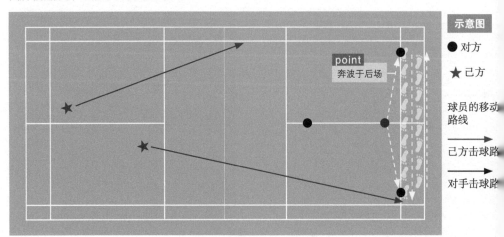

己方将球击向对方后场底线两角，使对方的后场球员疲于奔波。

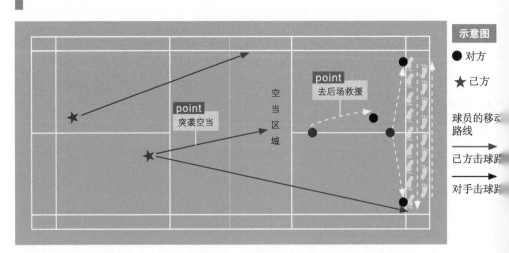

如果对方前场的球员到后场救援，则对方前场将出现空当，己方可以趁机突袭前场。

▶前场封压进攻战术

技巧 196

等级 ★★★☆☆　　**时间** 2分钟

实施方法

如果己方球员之间配合比较默契，且己方的前场球员技术很好，可以采用此战术。前场球员通过娴熟的前场技术迫使对方起高球，此时己方可以趁机扣杀。

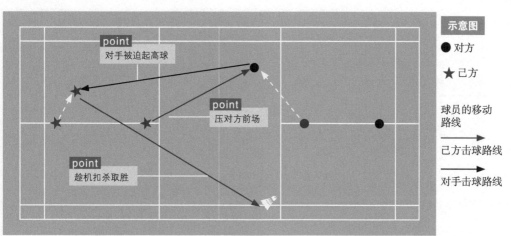

示意图

● 对方

★ 己方

球员的移动路线

→ 己方击球路线

→ 对手击球路线

己方将球击向对方网前，对方被迫上网起高球，此时己方可以趁机向对方边线处杀球。

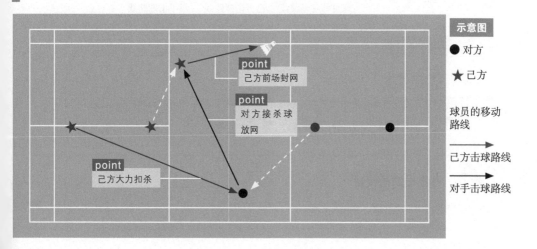

示意图

● 对方

★ 己方

球员的移动路线

→ 己方击球路线

→ 对手击球路线

即使对方勉强救起杀球，在回球质量不高的情况下，己方仍可在网前继续封杀。

双打战术

▶直线后退

等级 ★★★☆☆　　**时间** 2分钟

实施方法

网前挑高球之后，前场球员要直线后退，切忌沿对角线后退。直线后退的距离短、速度快，可以迅速回到起始站位，而对角线后退的距离较长，移动轨迹比较明显，很容易被对方打追身球。

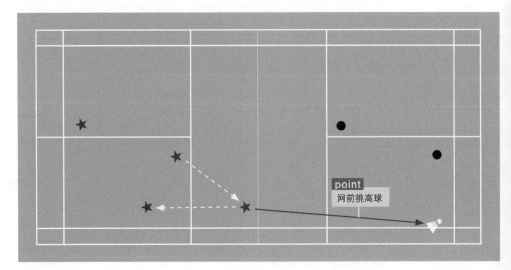

示意图　●对方　★己方

球员的移动路线　　己方击球路线　　对手击球路线

 技术要领

双打防守战术

双打比赛中，己方有时可能会被对方控制场地节奏而处于下风，被迫选择防守。此时为了打断对方的比赛节奏和遏制对方的进攻势头，己方可以抓住时机进行反击，转守为攻。

 容易出现的错误

搭档之间的合作不够默契，彼此无法互补。

 纠正的方法

两人应多在一起配合训练。在打球之前，两人应多讨论策略，分析彼此的优缺点以及分配两人在场地上的职责分工。

双打战术

▶ 防守球路1-回击空当区

技巧
198

等级 ★★★☆☆　　时间 2分钟

实施方法

假设对方为进攻方，一人杀球，另一人封网，两人处于同半边场地，前后在一条直线上；己方在接杀球时，可以将球击回到对方空出的半场中。

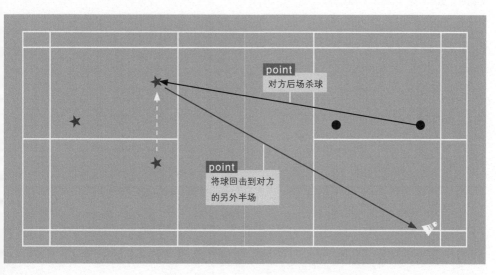

point
对方后场杀球

point
将球回击到对方
的另外半场

示意图　● 对方 ★ 己方　　　　球员的移动路线　　己方击球路线　　对手击球路线

 容易出现的错误

己方回球时间不多，却给对手留有充分的响应时间。

 纠正的方法

在回球时，己方可以用语言和手势进行交流，将球打向对方两名球员中较弱的一方。

技巧 **199**

双打战术

▶ **防守球路2-回击网前球或者后场球**

实施方法

假设对方为进攻方，一人杀球，另一人封网，前后处于对角线上；此时己方可以将球击到杀球者所在半场的网前，或者封网者所在半场的后场。

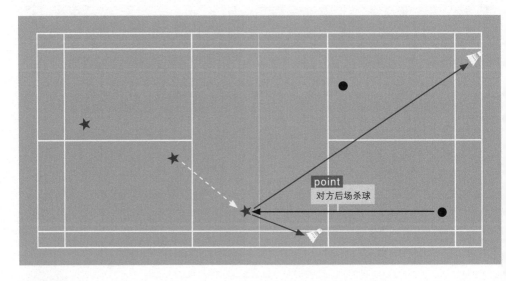

 **示意图** ● 对方 ★ 己方

球员的移动路线 ➡ 己方击球路线 ➡ 对手击球路线

🔑 技术要领

双打成功的关键

双打比赛中，成功的关键在于己方两人保持正确的场上位置，更重要的一点是相信搭档。为了取胜，男双、女双、混双使用的击球技术、协作策略都是大致相同的。

技巧
200

▶ **防守球路3-回击直角球或者对角线球**

实施方法

假设对方为进攻方，杀球者杀对角线球，对方前场球员也退到后场助攻；己方接杀球时，可以将球击回到对方网前。

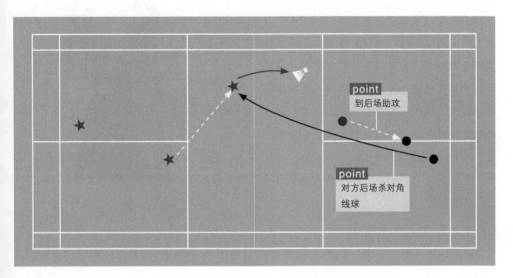

point
到后场助攻

point
对方后场杀对角
线球

示意图 ●对方 ★己方

　　　　　　　球员的移动路线　　己方击球路线　　对手击球路线

💡 **小提示**

在双打中，所有发球与回球的目标都是迫使对方给你或者你的搭档起高球。在常规双打中，发球者和接发球者都站在近网处，而他们各自的搭档暂时负责后场。双方初期击球都是为了调动对手，迫使对手起高球。在随后的回合中，进攻方的有意误导或者假动作的质量通常决定了场上的输赢。

作者简介

索敌

原国家羽毛球队女单一队队员，现担任北京羽毛球女队主教练，曾任中国羽毛球青年队教练。本科毕业于中国科技大学，目前在北京体育大学攻读硕士研究生学位。曾多次获得全国羽毛球团体、单项冠军及前三名；连续两年获得亚洲青年羽毛球锦标赛混合团体和女子单打冠军；曾获得世界青年羽毛球锦标赛团体、单项冠军及前三名，世界级羽毛球公开赛冠军等。2010 年被授予运动健将称号，2019 年退役。